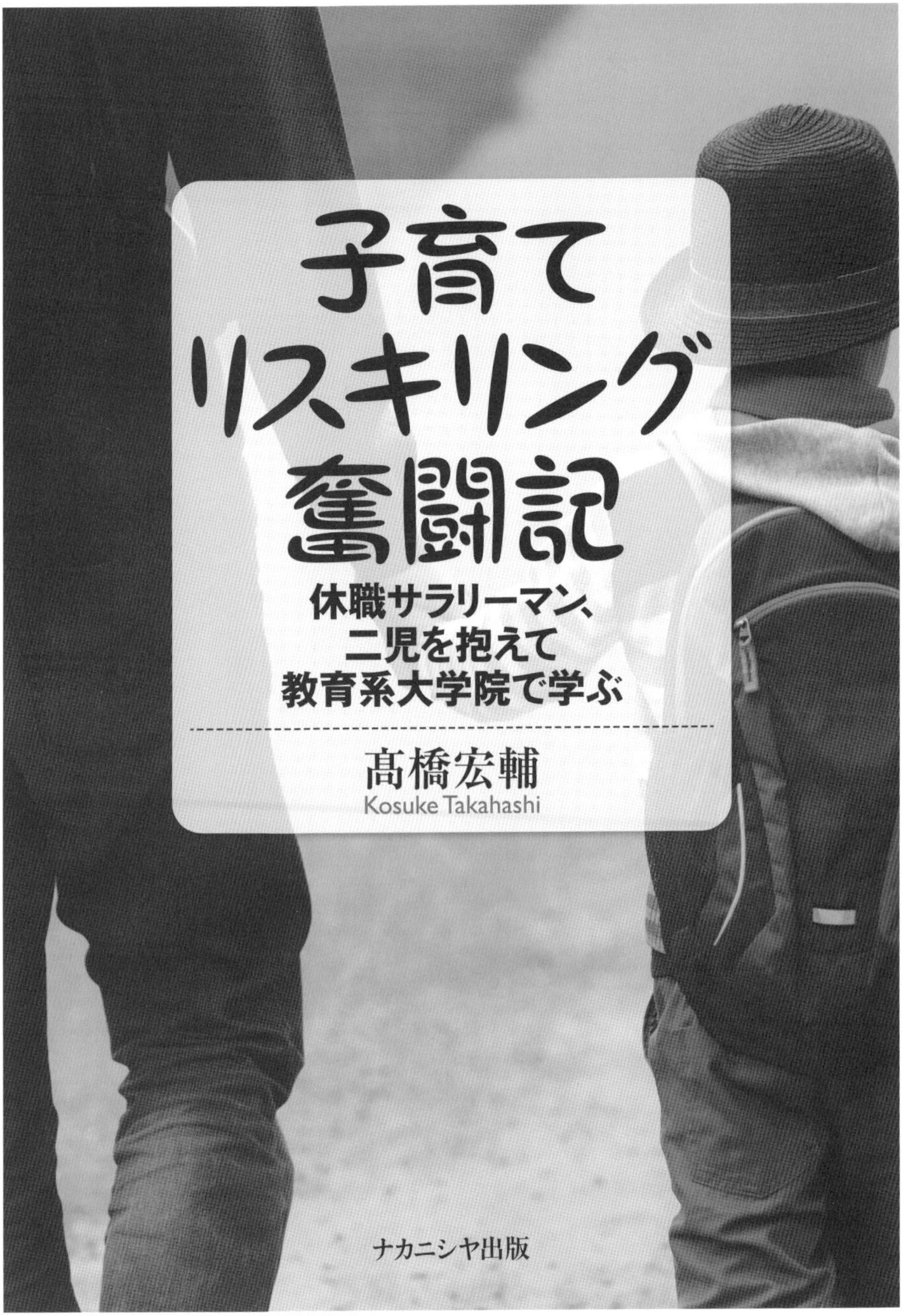

子育てリスキリング奮闘記

休職サラリーマン、二児を抱えて教育系大学院で学ぶ

高橋宏輔
Kosuke Takahashi

ナカニシヤ出版

はじめに

いきなり個人的な「たられば」の話から始まって、いささか恐縮だが、もし、コロナ禍前に私が会社を二年間休職して大学院に行かなかったら、そして研究しながらの子育てを体験していなければ、今の子どもたちとの関係はどうなっていただろうとつい考えてしまうことがある。二〇二〇年以降、新型コロナウイルスによる影響で、家の中にこもらなければならない「巣ごもり」状況となったときにこのことをよく考えていた。当時、家の中で家族と過ごす時間が増えることにより、ストレスが増える家庭が多いとよく報道されていたが、幸い我が家にそうした気配はなかった。ただでさえ、子どもたちが外で遊べず、狭い部屋で過ごさねばならない状態が続き、ストレスをためやすい状況だったことは間違いないのだが、家族同士のささやかな会話がそのストレスを打ち消してくれた。

本書は二〇一六年四月から二〇一八年三月までの二年間、私が会社の「休職制度」を利用して新潟の教育系大学院で教育学を学び、教育学修士と教員免許を取得した際の体験記である。『科学技術指標』などのデータを見ても、日本の全大学院生（在籍者）に占める社会人大学院生の割合は近年増加傾向が続いており、私のような体験は最早、珍しくはないかもしれない。しかし、大学院で過ごすにあたって幼稚園年少と小学校一年生の幼い息子たちを共に新潟に連れていき、三人で生活をした——つまり、父親として子育てをしながら、大学院で教育学を学んだ、と言うと日本ではとても珍しがられる。

二〇一六年当時、父親の育児参加は日本ではまだまだ少なかった（今はどうだろうか）。ちょうど私が大学院へ行こうと考えた二〇一五年、当時の日本国政府は「一億総活躍社会」という言葉を掲げていた。この言葉は、その年の「ユーキャン新語・流行語大賞」のＴＯＰ10にも入った。内容は年齢、性別、障がいや持病の有無を問わず、職場でも家庭でも地域でも活躍でき、生きがいを持って充実した社会生活の実現を目指すことらしい。とても良いことだと思う。しかし、現実は簡単ではない。この政策の本音を喝破するなら、少子高齢化の影響により、老若男女問わず働かせ、労働力を確保し、税収を確保したいというのがその意図ではないか。それに対して私は別段大きな異論があるわけではなかった。しかし例えば子どもを持つ女性がよりいっそう社会進出することを考えるならば、パートナーもしくは行政のさらなる育児参加や支援が必要であるし、何よりも国籍問わず日本に住むすべての子どもたちを「日本の宝」として大切にせねばならない。それができて、はじめて、この政策は実現に向かうのではないだろうか。そのような課題を考えさせる政策であった。

そのような雰囲気のなかで、当時、私は子育てにチャレンジしてみたかった。とはいえ、その動機は、先述のような政策に触発されたものではない、きわめて私的なものだった。私は、大学院進学に先立って家族と両親とともに住んでいた実家のある大阪を離れ単身赴任をしていた期間、フルタイムで働く妻に主に子育てを任せてしまっていたのだ。赴任先から戻ったとき、ちょうど私の単身赴任後に生まれた次男と私の関係は決して良いとは言えなかった。「見知らぬ」私に対して、当初、次男は強い警戒心をもっており、不審者扱いされている気がして私は悩んでいた。そんな折、幼馴染の友人が、私に新潟という大阪からは通学できない地にある大学院を勧めてくれた。それによって、私のなかに大学院で研究しながら子育てに挑戦するというアイデアが閃いた。もしかしたら、次男との関係の悩みも私の子育てへの参加によって変化するのではないかと考えたのだ。また後でも述べるように、私の子育てへの参加は、妻に「大学院進学をしたい」と相談した際の説得材料にもなった。

そもそも私は、大学時代は司法試験を目指しながら中学受験専門塾の算数講師をしていた。新聞社入社後も長らく「子ども向け」の新聞を担当し、本書で紹介するように大学院で教育学を学ぶ機会をもらった。つまりずっと子どもの教育に関係する仕事と関わってきている。確かにそれで我が子の子育てに参加しないのは、「医者の不養生」、「紺屋の白袴」というものである。また大学生は、教育学を学ぶことはできる。しかし、自分の子どもを持つ大学生は少ないだろう。一方で、学校などの教員になり教育を職業としながら自分の子どもを持つ人はいるが、大学時代に学んだ教育学を我が子の子育てに応用しようとするためには、かなりの記憶力が必要だ。幸い私は両方を同時に体験することができた。本当にありがたい経験であった。そのため本書では、長男や次男と経験したことや、感じ取ったことをできるだけ俯瞰的に記録した。

本書を手にとっていただいた読者の皆様にとって、本書が子育てと教育学の楽しさを知るためのきっかけの一つになれば幸甚である。

目次

1 年目夏までの私の日常（2016 年 7 月まで）

6 時 10 分	起床。洗面。着替え。次男の弁当作り。朝食準備。
6 時 50 分	長男、次男起床（次男は必ず泣く）。子どもたちを洗面、着替え、朝食を食べさせる。
7 時 15 分	長男小学校へ登校。
7 時 30 分	洗濯機をかける。
7 時 50 分	次男を幼稚園に連れていく。
8 時 00 分	帰宅し、洗濯物を干す。食器を洗う。掃除機で掃除。
8 時 15 分	大学へ行く。
8 時 20 分	食堂で朝食をとる。（200 円で食べられ，美味しかった）
8 時 40 分	大学授業開始。
12 時 00 分	昼食をとる。（白井もしくは南場といっしょが多い）
13 時 00 分	3 限目がないときはスーパーへ行き、食料品や日用雑貨を購入。夕飯の下準備をして大学に戻る。
18 時 00 分	授業終了、急いで幼稚園へ直行。次男を迎えに行き、そのまま長男を「児童クラブ」へ迎えに行く。
18 時 40 分	帰宅。夕飯を準備しながら，洗濯物を取り込みたたむ。
20 時 00 分	夕食後、温泉に行く。（温泉はほぼ毎日行ったが，行かない日は家のシャワーを使った）
21 時 00 分	帰宅。長男、次男就寝。私はリビングで勉強を始める。
2 時 30 分	研究、授業の予習・復習終了。就寝。（しんどい時は午前 12 時に寝る時もあったし、課題が多い時は徹夜もあった）

「働き方改革」が叫ばれる以前の新聞社の働き方は激務だった。しかし、大学院生と主夫の両立は、もっと激務だった。自分の時間が全くとれない。ここで入学時から七月までの私のスケジュールを紹介しておこう。（本文 36 頁参照）

序章　子ども向け新聞から教育大学の大学院へ

なぜ私は大学院を目指したのか？

一　大学院に誘われて

幼馴染からの誘い

「それなら、Ｊ教育大学の大学院に来ないか？」

二〇一五年七月二一日、いつもは穏やかで、あまり喋らず笑ってばかりいる、国立Ｊ教育大学の事務職員である白井から、熱い口調でそう誘われた。白井との電話では珍しく、携帯電話が音割れし、振動が私の耳に伝わった。白井は、私と小学校三年生からの付き合いだったが、彼は頭が良かったので、中学校は地元大阪ではなく兵庫県の私立へ進学した。しかし、不思議と縁が切れることもなく、今日三六歳まで付き合いがあった。その後、私は、大阪の中・高を経て、関西の私立Ｋ大学法学部を「八年」かけて卒業し、塾講師を経て新聞社へ入社した。一方で、白井は、関東にある有名私大Ｗ大学政治経済学部を卒業し、その後に大学職員となった安定志向のエリートだった。

私は新聞社では、小学生向けの新聞と中高生向けの新聞を担当していた。いわゆる「子ども向け新聞」である。大阪入社で、四年間大阪で仕事をした後、約二年間東京本社へ単身赴任を経験し、また大阪に戻った二年目の夏だった。

新聞社の仕事は楽しかったし、やりがいもあった。しかし、仕事による家庭内の悲劇が、一つあった。私が不在の間に誕生した次男との「不和」である。

私が東京へ単身赴任して一か月後、次男が誕生した。単身赴任先ではとても忙しく、ほとんど大阪に帰れなかったので、約二年間の単身赴任を終えて大阪に帰ってきたとき、四歳まで「付き合い」のあった長男とは関係が良かったが、次男は「知らないおじさん」が家にいるという感覚を持ったようで、私に対しての警戒心で満ち満ちていた。単身赴任だけが原因ではなく、次男の生来の性格もあるのかもしれないが、その警戒心は「本物」で、私が抱っこするたびに泣き続けた。ある日、妻が出かけることになり、当時二歳の次男をあやすように言われた。私が抱っこをすれば必ず次男は泣く。では、いったいどれぐらいまで泣き続けるのか。さすがに泣き疲れたら私の抱っこを受け入れるだろうと信じて、私は泣く次男を抱っこし続けた。そして四〇分後、泣くのを「聞き疲れた」私はついに抱っこするのをやめてしまった。我が子の肺活量の強さに期待をもちつつも、かつてない強敵の出現に一緒に暮らす自信すらなくした。その後、私と次男は互いに、ある一定の「距離感」と「緊張感」を保ちつつ、生活をしていた。

話は戻って、その夏は次男と暮らすようになってから二年目、次男三歳の夏だった。

揺れる思い

私は大学で法律学を専攻し、弁護士を目指していた。大学時代、司法試験に向けて勉強する傍ら、中学受験塾の算数講師をして生計を立てていたことで、人前で話すことや法律の知識は人並み以上になった。しかし、大学も人並み以上の裏表八年間通った。その後、弁護士をあきらめ、二〇〇八年に新聞社へ入社した。入社当時すでに、業界全体ではインターネットの台頭で、新聞自体がもはや「時代遅れ」ととらえられ始められていた。しかし、そのようななかで、文部科学省が「言語活動の充実」を掲げ、その教育ツールの一つとして新聞の重要性を「学習指導要領」に記載した。これによって、教育における新聞活用が注目され、「子ども向け」新聞の担当者はより多忙となる。

それから七年経ち、私も小・中・高校で新聞出前授業などを行いながら、新聞の授業活用を普及させていた。しかし、学校における新聞の教育的活用が高まっていたとはいえ、私は教育学に関しては、ほぼ何も知らない。先述の通り、長年塾講師をしていたので人前での授業には慣れてはいたが、学校現場での授業は、塾とは何かが違う。そのためどう違うのか知りたいという思いもあり「大学院に教育学を学びに行ってみようか」と考えていた。そこで教育大学で事務職として働く白井へ相談したところ、「J教育大学の大学院へ来ないか?」という誘いがあったわけだ。

しかし、まず大きな問題として立ちはだかったのが、J教育大学院の立地だ。J教育大学院は新潟県、私は大阪府に住んでいる。「通ってみようかな」と思うには距離がありすぎる。そう白井に伝えた。すると、「学生用の宿舎があり、家族で住める世帯用もある。しかも、月一万円ぐらいで住める」と言ってきた。加えて、「J教育大学院は、大学院の成績が良ければ、授業料もタダで、さらに教員免許も取得できる。こんなお得な大学院はほかにない。「子ども向け」新聞を担当している君の将来に絶対、役に立つようになる。また、全国の小中高の先生たちも集まるから、すごく良いパイプを持てる」とも言う。私の心は大きく揺れた。

理由は二つある。一つは、普段、白井が向こうからこんな風にしゃべってくることはあまりない、ということである。先ほどふれたように、いつもはニコニコしていて、おとなしい印象である。彼が、こんなにテレビショッピングのように「熱く」語るのは初めてだった。もう一つは、全国の教員が集まるという点である。入学後分かったことだが、全国には教育学を研究できる大学院がたくさんある。しかし、新潟県のJ教育大学院と徳島県にあるN教育大学院、そして兵庫県にあるH教育大学院の三校は当時、全国の教員が、都道府県の予算で派遣されていた。つまり、この三大学院には、優秀な教員が給料をもらいながら、教育学の研究のために集まってくるのだ。なかには家族を連れてくる教員大学院生もいる。だから大学内に世帯用の学生宿舎があるのだ。

しかし、私の心がどんなに揺れ動いても、私にも家族がいて、仕事がある。誰に相談するかといえば、まずは妻であり、次に会社だ。心のハードルはかなり高い。恵まれたことに私の勤務する新聞社には「自己充実休職」という制度があり、キャリアアップをしたい社員は、会社が認めれば最長三年間、国内外問わず、大学院進学やボランティア活動などができる（控えめに言って素晴らしい制度である）。ただし、「子ども向け」新聞の担当者が、この制度を利用するのは初めてになる。さらにいえば、「大人向け（?）」の新聞と異なり、「子ども向け」新聞の担当者は、少人数で活動している。一人でも欠けると周りに迷惑をかける可能性が高い。しかし、大学院にはどうしても行きたいと思った。白井の誘いがなければ、関西で教育学を学べる大学院にチャレンジしていただろう。その場合、自己充実休職制度を使わず仕事をしながら通うことになったかもしれない。関西であろうが新潟であろうが、大学院に行くならいずれにせよ、まずは妻に相談する必要があった。しかし今まで私の仕事が多忙過ぎて、子育ては妻任せであった。しかも、妻もフルタイムで働いている。苦労と迷惑ばかりかけてきた私だ。生半可な説得では、まず許可は出ない。

二　関係者への相談

妻と私

私の妻は、私より一歳下で、大学一年生の頃に出会って付き合った。妻は、四年で卒業してそのまま就職し、私は、八年かけて卒業した。私や妻は一九九九年K大学に入学した。妻とは「同級生」であったが、私は一年間浪人していたから一歳年上ということになる。大学八年生、二六歳のときに、妻と結婚した。だから一応、私は「学生結婚」である。当時まだ「学生」であった私は、当然お金もなく、結婚式も新婚旅行の費用も妻が負担してくれた。結婚後、一年間は司法試験の勉強と、中学受験専門の算数講師をしていたが、実質、家事をして妻を支える「専業主夫」であった。しばらくは妻に食べさせてもらっていたのだが、長男を身ごもったときに、妻が体調を崩した。しかし、当時「大黒柱」の妻は仕事を休めず、無理して出勤せねばならない。初産であり、母子ともに危なかった。この状況を黙認してしまうわけにはいかない。ついに私は、司法試験を諦めて就職することにした。

二七歳、初めての就職活動

妻の妊娠がきっかけで就職活動を始めたのだが、私の身の上話をするときに、「それで新聞社に就職なんてすごいですね」とよく言われる。しかし、私は学生の就職なんて、ほとんど「運」と「縁」だと信じている。そして就職した後に、「実力」が活きてくるものと考えている。その例を言うと、妻や私の学友たちは二〇〇三年に大学を卒業しているが、そのとき、日本は「就職氷河期」と呼ばれ、最悪の就職難であった。当時「ブラック企業」という言葉はまだなかったように思うが、優秀だった多くの学友たちは、今でいう「ブラック企業」に就職していった。

それが「運」と「縁」だ。ただし、その後、優秀な学友たちは、厳しい仕事の合間をぬって、猛勉強をして、社会保険労務士やTOEIC満点などの資格を取得した後、大企業へ転職をした。これが「実力」だと考える。どんなに入社難易度が高かろうと、優秀な人材ばかりが集まる企業などそもそもあり得ない。「なんでこんな奴がこの会社にいるんだ」と言われる社員なんて私を含め、どの企業にもいるということだ。とにかく、二七歳にして「コネ」も「実力」もない私であったが、就活をした二〇〇七年は、比較的、就職しやすかった。その一年後、リーマンブラザーズという金融企業の破綻による世界経済の混乱、いわゆる「リーマンショック」で再び就職難となるとは、想像しなかったが、まあタイミングに恵まれて、私は新聞社に就職することができたわけである。ただし、入社後は大学時代の学友たちを見習って、一生懸命仕事したつもりだ。

妻へ相談するために

私は大学院で教育学を学びたかったが、今まで妻や妻の両親にも心配や迷惑をかけている。ただし、妻側には私の理解者がいた。それは妻の母、私の義母である。義父母は団塊の世代であり、全共闘世代、いわゆる学生運動世代だ。ただし義父は、白井と同じ大学出身で、しかも理系。「ノンポリ」を貫いていたため物静かだ。一方、義母は、学生運動をしつつも、授業が行われない大阪の国立大学を中退後、就職し、職場でも男女差別が根強かった時代に、職場での男女平等を訴えていた。弁護士を目指していた徒手空拳の時代の私が結婚を許されたのも、そんな義母が「娘に食べさせてもらいなさい」と言ってくれたおかげである。そんな「食べさせてもらっていた」私は、大学時代とてもかわいがった後輩たち（その後、彼らが先に卒業し「先輩たち」になった）に、「親しみ」を込めて「クズ」や「ヤバいやつ」扱いされてきたし、今も後輩たちとたまに会うと、良い酒の「ツマミ」話にされる。とにかく義母は、結婚後も私を理解してくれた極めて奇特な方である。また、就職する前も後も私への対応が変わらない義母のことを、私はとても尊敬している。そういうわけで、「そうだ、義母のいる前で妻に相談しよう」と考えるのは自然なことだが、大学院に行きたいというだけでは、学問が好きな義母は納得してくれても、妻は納得しないだろう。

もう少し「スパイス」がいる。「一緒に新潟へ行こう」と言えば、妻にも仕事があるので「却下」されるだろう。いや、仕事嫌いの妻のことだ、「仕事を辞めて良いのなら、行っても良い」と言うに決まっている。超優良企業に勤める妻は、私よりも「安定」している。家計のためにも今辞められては困る。「子どもたちを新潟へ連れて行き、大自然の中で私が育てる」と言えばどうだろうか。これなら、妻に育児を押し付けるわけでもなく、納得してもらえるのではないかと考えた。ただし、小学校一年生の長男はともかく、当時、妻と義父にしか心を許さず、私とは微妙な関係で、毎日幼稚園を嫌がり泣きながら通園している次男を妻から遠方へ引き離して大丈夫だろうか、という不安は尽きなかった。ただし、単身赴任のツケとして残った次男との関係修復もせねば、と常々思っていたのも事実だ。

家族への相談

相談の前に、白井から大学院の誘いがあることを妻には軽く伝え、事前にボールを投げている。妻からは「あんたは弁護士の夢も途中で諦めたやん」という胸の痛くなるコメントに加え、「白井君、からかってるんとちゃうの？」と、白井が冗談で言っているのではないか、という誠に厳しい指摘を受けた。そんな妻からのアドバイスをネタに、私自身の本気度を確認するためにも、白井に電話で確認をとった。結論からいえば、白井は本気で勧めているという。心から、私にJ教育大学院に来てほしいらしかった。新聞社の人間が教育系大学院に来ることは斬新で、大学院にも良い刺激になるのだそうだ。妻に後日、白井が本気で誘っていることを告げた。しかし、「子どもたちをどうするの。またあんたの単身赴任のときのように私が面倒みなきゃあかんの。それなら嫌やで」と想定内の反応が返ってきた。そこで、「子どもを連れて行って面倒をみる」と言った。すると、「子どもの面倒を見るなら良いよ」とあっさり態度が軟化した。「やれるもんならやってみい」という感じでもあった。

しかし、もう一つハードルがあった。ずばり生活費だ。仕事を休むと、給料は出ない。そうなればどうやって生活するのか、というのが妻からの次なる質問だった。私は、白井から聞いた話を妻に説明した。世帯用の宿舎を一万円で借りることができること。また、優秀な成績を取れば、奨学金がもらえ、授業料も支払う必要がなくなることを伝えた。さらに、教育学修士を取得するだけではなく、教員免許も取れるので、新聞社がつぶれたときは、再就職に最適だ、とか訳の分からないことも言った。そして義母にも相談することを伝え、妻は了承した。

あとは義母と義父の了承が必要だ。私は、妻の実家へ妻と行き、大学院に誘われていることを伝えたところ「ぜひ行きなさい」と義母が賛成してくれた。そして「社会人にもなって、大学院で研究することはとても素晴らしいことだ」と応援してくれた。これで家庭内ではほぼ決定だ。妻も、新潟に私たちがいる間は、今住んでいる私の実家ではなく、妻の実家に住むことになり、結果的に職場にも近く喜ぶ形になった。家族との相談は終わった。次は、会社である。

「初の事例だから時間が欲しい」

では、会社も簡単に「ＯＫ」だったかといえば、そういうわけにもいかなかった。当たり前だろう。会社ではまず、身近な上司たちに相談したが、もちろん難色を示された。私も仕事は順調だった。それゆえに「なぜ今、新潟の大学院に行きたいのか」や、「関西の大学院じゃダメなのか。なぜ自己充実休職制度を使いたいのか」という真っ当な疑問から、徐々に「仕事を辞めたいのか。または、今の担当部署に不満があるのか」などの疑惑に変わった。「仕事を辞める気はなく、担当部署に不満もない。むしろ今後のキャリアに活かせるように大学院で教育学の研究をしたいのだ」と何度も告げた。会社というのは、人を育てるのに時間と金が本当にかかる。入社してつくづく感じる。上司たちも時間をかけて私を育ててくれた。入社して八年目、やっと戦力として認めてくれた時期だろう。そのようなときに、「会社休んで大学院に行きたい」などと言う社員は、「いったい何を考えているのか」と思われて当然である。だが、私はすでに妻を説得したのだ。いまさら引き下がるわけにもいかなかった。

そこで大阪の上司たちは東京の本社にかけ合ってくれた。二日後、本社からの最初の回答は、「初の事例だから時間が欲しい」というものだった。そりゃあ、そうだろう。次年度の人事にも影響することだ。しかし、もう八月に入っている。一一月の入試に向けてまずは九月中旬に、入学資格申請書、履歴書、研究歴等調書、卒業証明書など書類を揃え、大学に提出せねばならないのだ。もう一か月半しかない、その旨を伝える。東京本社は、「とにかく時間をくれ」の一点張り。「こりゃ参った。無理かな」と一瞬考えたが、私も火が付いた以上は、後には引けない。なにしろ妻の許可を取っているのだ。書類審査に通らねば、大学院入学はもちろん、入学試験すら受けさせてもらえない。そこで、会社の許可が出る前にフライングで、大学に提出する書類を作成することにした。

会社ではただちに、役員会議が行われたらしい。「子ども向け」新聞担当者からの、初めての大学院入学のための休職申請である。結論からいえば、役員たちが早急に理解し、動いてくれた。「子ども向け」新聞担当者のキャリアアップ制度を整えてくれたのだ。実にありがたく、良い会社だと思った。余計な仕事を増やしてしまった会社や上司たちには申し訳なくも感謝しつつ、初となる許可申請書を出すことができた。上司たちからは「これで入試に落ちたら面白いのにな。でも制度は整えたから、ダメなら来年もチャレンジできるから」などという、私にとってはシャレにならない冗談と皮肉を頂戴した。しかし、それぐらいの皮肉、微笑んで流すとしよう。会社からも許可が出たのだ。

三　大学院入試と子どもたちの説得

入学試験への対策

妻と会社から大学院進学の許可を取った。しかし、何より重要なのは、その大学院から入学の許可を取ることだ。そのためにまずは入学試験に受からねばならない。特に会社を巻き込んだ以上、入試に失敗しようものなら私も恥だが、部署にも大きな恥を与えてしまう。なぜなら、さすが「新聞社」というべきか、私の大学院受験というささやかなニュースは、所属部署内を越え、なぜか様々な部署に一斉に伝わっており「大きなビル」の「小さな話題」になっていたからだ。もちろんある程度覚悟の上だったが、もし来年四月、普通に出社していたら、それこそ「ちょっとした話題」になる。そうならないためにも、試験対策に真剣に取り組まねばならない。落ちるわけにはいかないのだ。

J教育大学院入試の内容は、小論文と面接である。面接には自信があるが、問題は小論文だ。入社以来、新聞は毎日読んでいるし、今年は新聞記事も数本書いている。読み書きには、ほかの受験生よりも自信があるつもりだ。しかし、それだけでは受からないだろう。なぜなら、教育学の知識がないからだ。大学時代法学部で教育学など無知に等しい私には、教育学の専門書を読む必要があった。そこで入試までの残りの二か月は、教育学専門書を読み漁った。あとは、過去問題をしっかり研究することだ、と思ったが、これはこれで落とし穴があった。

私の希望するコースは、「グローバル・ICT・学習研究コース」という、覚えるのがたいへんな名前を持つコースだった。八月に新設された「出来立てほやほや」のコースである。では、なぜここにしたかといえば、あらゆることを幅広く学ぶことができる、と白井が言っていたからである。J教育大学院には、ほかにも社会系コース、言語系コース、芸術系コース、自然系コースなど様々なコースがある。私は学校の教員ではないので、専門分野を深く学ぶ必要はなく、それよりも、幅広く教育学を学びたかったため、このコースを選んだ。しかし、新設ゆえ試験のデータがない。しかも、J教育大学院を受けに来る多くの学生たちは、しっかりと教育学を学んでいるに違いない。その証拠に、他コースの過去問題を見たが、チンプンカンプンだった。新設のコースには、過去問題がない。そこで私は、コース名を情報源として問題を予想した。つまり「グローバル」な教育分野と、通信情報技術のいわゆる「ＩＣＴ（Information and Communication Technology）」教育分野を中心に勉強した。また少しでも時間があれば、教育に関する過去の新聞記事も読み漁った。ついでにいえば、「学習研究」というのは当時、最後まで意味が分からなかったので、無視した。

私の経験上、入試というものは知識だけではなく、精神面も重要だと考えている。そこで、今回のＪ教育大学院には、幼稚園から高校まで一緒だった幼馴染の南場という独身男を巻き込んだ。南場は、白井とも幼馴染である。私は南場に、白井が言っていたことをそのまま忠実にコピーし、かつ情熱的にＪ教育大学院の素晴らしさを語り、説得した。その結果、彼は塾講師の仕事を翌年三月末で辞め、大学院の門を叩くことになった。南場もちょうど私と同じようにに大学院進学を考えていたらしい。さすが幼馴染、以心伝心だ。しかも私と同じコースの受験である。まあ落ちるときは道連れである。おかげで私の精神は結構、安定した。二人で仲良く勉強を、と考えたが、互いに仕事が忙しく、会う暇もなかったため、結局再会したのは入試直前の一一月だった。

入試に向けてＪ教育大学へ

一一月下旬、大学院入試に向けて有給休暇を取り、新潟のＪ教育大学へ試験二日前に南場と向かった。白井の言葉を借りれば、車で大阪から新潟のＪ教育大学までは「たったの」六時間。「たったの」という言葉が的確かどうか。それは、私の愛用のメガネが代弁してくれた。高速道路を運転中、メガネを耳に引っかける「つる」が突然割れたのである。あいにくスペアのメガネは持っていなかった。暇なときなら「心霊現象」などと騒げるが、なにぶん高速道路を運転中である。「死後の世界」どころか、現実の死につながりかねないリスクに対応するために、すぐに近くのサービスエリアで車を止めた。ガムテープを購入し、取るときに味わうだろう激痛を覚悟しながら、テープでメガネを髪の毛に固定し、運転を続けた。そういった出来事のおかげか、六時間の移動は「たったの」という文言とは程遠いもので、とてもきつく、到着時にはお尻も髪の毛も痛かった。天気だけはとても良い日だった。

大学院入試と合格発表

「大学院入試」は、面接と小論文だったが、教員免許が欲しい人は、さらに「免許プログラム」に向けての選抜試験があるらしい。入試当日に知った。「免許プログラム」の試験に受からないと、教員免許取得ができない。J教育大学院での「免許プログラム」には、「長期履修制度」というのがあり、通常は二年間の大学院を、三年かけて修了することができるという。私の休職期間は二年間なので、三年もいらない。しかし、まずは三年間の「長期履修制度」の許可を取り、その後、二年間で免許を取れそうならば、「やっぱ二年にします」と宣言し、短縮手続きを行うそうだ。面倒くさい話だが、教員免許を取得する大学院生は全員、三年間の「長期履修制度」を利用せねばならない。

試験の出来は上々だった。予想通り、ＩＣＴの教育に関する問題が出たからだ。これで落ちるならば、よっぽど受験生のレベルが高いのだろうと割り切れるほどだ。入試結果を知るためだけに、再び六時間かけて新潟まで来るのはたいへんなので、大学職員の白井に受験番号を伝え、合格発表時、大学の掲示板を代わりに見てもらうことにした。

一二月初旬、白井に見てもらい、大学院も免許プログラムも合格だったと告げられた。来春より教育大学院生だと喜びたいところだが、そういう状況ではなかった。合格後からがたいへんだったからだ。

子どもたちの説得

こうして、まずは無事にJ教育大学院に合格したが、次は子どもたちを説得せねばならない。子どもたちを連れて行くというのが妻との約束だ。私の理解者であるはずの小学一年生の長男も、これには難色を示した。「お母さんは、行かないの？」「お父さんひとりで行かないの？」「大阪にいちゃダメなの？」など、子どものあどけない質問はなかなかの攻撃力があり、私の胸を刺す。しかし、義母仕込みの熱狂的な阪神タイガースファンであり、野球好きな長男への説得は容易であった。「自然豊かだから、広いところでいくらでも野球ができる」という言葉である。野球をしたい長男にとっては、新潟行きはこれで「ＯＫ」であった。その後、野球グローブをつけて、シャドーボクシングならぬシャドー野球を新潟に行くまで毎日続け、高いテンションを勝手に維持してくれた。ありがたい。良い子だ。

問題は、幼稚園年少の次男であった。当時、妻が手をつながなければ眠れなかった次男は、母親ベッタリ型の甘えん坊である。これを説得するのは容易ではない。新潟に行くことを説明した後も、次男は、数少ない言葉で何度も同じ質問を繰り返した。何度説明しても「なんで？」「どこいくの？」という、様々な意味が濃縮された短い質問が返ってくる。それはまるで禅問答のようだった。日本地図まで広げて何度も説明する私に、次男からの変わらぬ反応と同じ質問。見聞きすること数度、とうとう私自身も「なぜ俺はここまでして、新潟へ行くのだろうか」と考え込んでしまった。何度説明しても同じ質問を返す次男に動揺し、「お父さんのわがままで」と言いそうになったが、ここは次男に対する唯一の説得材料である「大阪の幼稚園に行かなくてもいいんだよ」という言葉を選んだ。次男は、幼稚園が嫌で毎日泣いている。幼稚園バスに乗せるのも日々一苦労だった。それを私は利用した。その甲斐あって、次男はついに「新潟へ行く」と言ってくれた。「新潟の幼稚園には行くことになる」という事実に気づかずに。しかし、次男は手強かった。後ほど、私の言葉の裏にある事実を知った彼は、その手強さを証明することとなる。

仕事と手続きと引っ越しと

一二月に大学院より合格を頂戴すれば、あとは旅準備だけ、というわけにはいかない。まず会社では、やらなければならない仕事が三月末までしっかりとある。二月に入っても、業務の引継ぎもあり、いい加減な仕事はできない。それと並行して、子どもたちに関係する手続きが必要だった。長男の小学校転校手続きのために、最寄りの市役所や長男の通う小学校を何度か往復した。次男はといえば、大阪の幼稚園の退園手続きをして、Ｊ教育大学の敷地内にある附属幼稚園への入園志願手続きが必要であった。

ここで、新たな問題が噴出する。新居であるが、白井の言っていた大学敷地内にある世帯用の学生宿舎には、四月にならなければ入居できないというのだ。それは聞いていない。それでは四月まで新潟での住所が定まらない。では、転校手続きなどはどうすれば良いかなど、大学に相談しながら進める。しかし、「規則なので三月の入居は認めない」の一点張り。「三月末まで入居者で埋まっているので難しいのです」と言う。入学した後で分かったのだが、大学院入学から修了までの二年間、世帯用学生宿舎は実際のところ空室が目立っていた。私の在学時だけの偶然だったのだろうか。いずれにせよ、そのときの私はまだそのことを知る由もない。この説明を聞いて、仕方がないと不承不承受け入れたのであった。しかし、困ったことになってしまった。四月まで住所が確定しない状態で、幼稚園や小学校が受け入れてくれるのだろうか。そんな私の心配をよそに、最寄りの小学校や幼稚園は、家族を持つJ教育大学院生の対応に慣れているようで、どちらも「住むところが決まってからで良い」と言ってくれた。そこで、四月一日以降の入居を終えてから、手続きをすることにした。

さて、引っ越しである。学生時代に引っ越しのバイトをしていたので、移動の多い三月から四月の引っ越し業者は強気ということは知っていた。とても高い。しかも今回は、仕事の都合で引っ越すわけではない。引っ越し代は自腹となる。少しでも費用を抑えるために引っ越しは値段の安い二月にすることにした。ただし、荷物の搬入場所は白井の家だ。入居予定の学生宿舎と白井の住む職員用宿舎は、場所は違えども同市内である。白井の家に荷物をしばらく置かせてもらい、四月になれば、白井の家から新しい住居に引っ越せば費用がだいぶ節約できる。バイトの経験から、同じ市内であれば費用は安くできるということも私は知っていた。無理を言ってでも預かってもらおう、と思っていたが、ありがたいことに白井は快く受けてくれた。おかげで引っ越し費用はかなり節約できた。本当に助かった。

大学院入学の手続き、仕事の引継ぎ、子どもたちの転校・入園手続き、移動の手続きと、私は忙殺された。そんななか、「ありがたい」ことに、二月後半から三月、各部署では「壮行会」とか「送別会」とかを優しい上司や先輩、同僚仲間が開いてくださり、毎日深夜に帰ることになった。結局、休職に入る三月二七日までは、忙しさが続いた。

四　次男の幼稚園入園面接

三月、次男の入園面接のため新潟へ

そんな多忙さのなか、三月中旬、次男がＪ教育大学附属幼稚園を受験することになった。一般的な募集は前年一〇月に終わっているが、若干名の追加募集が三月にあるということだ。早速幼稚園へ問い合わせた。「今年から預かり保育も始まるから、大学院の授業に出ている間、安心して預けられる」と白井は言っていた。幼稚園は我々が住む予定の世帯用宿舎に隣接しているし、まるで私のために作られたような、最高のタイミングではないか。「絶対に落ちてはいけない」と私一人意気込んでいた。入園試験に向けた願書を提出し、後日、受験票が届いた。さて、いよいよ入園試験のため新潟に行かねばならない。行くのはもちろん私一人ではない。次男も一緒だ。しかし、私と次男の関係を見れば、二人で長旅をするなど考えられない。そこで長男も連れて行くことにした。長男がいれば、次男と私の間の良い「クッション」となる。小学校一年生の長男も、学校を休んで一緒に行けることや、北陸新幹線に乗れることを喜んだ。それにつられて次男も一緒に喜んでいた。これには助かった。

入園試験は水曜日という平日なので、仕事を休んで新潟へ向かう。次男は、何をしに行くか分からない様子であった。ただし、開通したての新幹線に乗れることが嬉しかったようだ。次男、長男共に鉄道好きであったことが、ここで有効となる。ちなみに私は鉄道に全く興味がない。だからといって、車では行かない。「日帰り入園試験弾丸ツアー」なのだ。明日木曜日、私は仕事である。入園試験が終われば、ただちに帰阪せねばならない。どのような交通手段を使おうとも、某有名アニメに登場する不思議なポッケから出る道具の「あのドア」か、テレポーテーションでも使わない限り、本音はしんどいのだ。早朝七時に家を出て、昼一二時四五分、大学の最寄り駅に着いた。やはり電車を利用した移動でも、五時間以上はかかる。新幹線の中で、今日、幼稚園の入園試験があることを次男に伝えた。次男も機嫌良く自分すると、長男が面接官となり、一生懸命、名前や年齢の言い方を次男にレクチャーしてくれた。次男も機嫌良く自分

の名前や年齢を答えている。なかなか微笑ましい。

白井が仕事を休んで、車で新幹線の駅まで私たちを迎えに来てくれた。大学院合格後はじめての再会であったため、白井も改めて合格を喜んでくれた。一三時から試験が始まるので、そのまま幼稚園に向かう。そして幼稚園嫌いの次男は、園に着くと顔が急にこわばり始めた。

「ゆとり」のない父子

受付時間ギリギリの到着なので、次男と私はすぐに園内に行かねばならない。長男を白井に預け、幼稚園玄関に入ると、すでに三組ほどの親子がいた。私はほかの受験生を見たとたん「やばい。落ちるのか」と考えた。募集には「若干名」と書いてあったが、次男を含め四名すべてが「若干名」に入るのだろうか。申し訳ないが、こんな片田舎の、もとい、自然豊かな幼稚園で、こんなにも受験生がいるということに動揺した。そんな不安を感じている私に、幼稚園の先生の「もう一組のご家族が遅れていますので、試験開始を遅らせていただきます」という都市部の通常の入試ではあり得ないお言葉がさらに追い打ちをかけた。

雪国の忍耐強さなのか、それを聞いて笑って許す「ゆとり」と「やさしさ」のある三組のご家庭と違い、私は「最悪や」と落ち込んでいた。「若干名」という言葉にどれくらい「ゆとり」があるのか分からないなかで「一名様追加」になったこと、弾丸ツアーなので時間に「ゆとり」がないこと、二つの事象が一気に襲いかかってきたからだ。明日木曜日、私は仕事である。入試が終わればただちに大阪へ帰らねばならない。すでに「ゆとり」を失った幼稚園嫌いの次男は、幼稚園敷地内に入った瞬間から「最悪や」という表情だ。私たち父子は、思惑はバラバラとはいえ、「最悪」な気分を共有していた。しばらくして遅れた一組が到着し、三〇分遅れの一三時半より試験が始まった。

緊迫の入園試験

入園試験はまず、幼児たちが教室で自由に遊ぶことから始まった。子どもを幼稚園に入園させた経験のある保護者なら分かるだろうが、入園試験ではよくある形式だ。だからといって、敷地内に入った後の次男の態度を見れば、「後は次男に任せて」という期待を持つことなど到底できなかった。次男は、楽しそうに遊ぶ四名の幼児たちとは異なり、教室の隅でズボンの両ポケットに手を突っ込んで突っ立ち、無邪気に遊ぶ子どもを見守る保護者と一緒に遠目で見て、時折、馬が鳴らすような鼻から抜けるため息をついている。「こりゃ落ちたかな」。私の想像を遥かに上回る次男の振る舞いに、つい小さな声で本音を漏らしてしまった。

今思えば、このとき、次男は「大阪の幼稚園に行きたくないから新潟に行く」という自己認識と、「これは契約違反だ」という抗議の姿勢を四歳ながらすでに示していたようにも感じる。結局、次男は終始ポケットから手を出すこともなく、約二〇分間、純粋無垢に遊ぶ四名の受験生たちを、私を含む保護者や先生たちと見守り続けた。

次は面接である。まあ、集団で遊ぶ試験はあの態度であっても仕方がない。次男が終始あれほどの態度で臨むことは多少想定外ではあったが、試験が上手くいかないことなどこちらも「織り込み済み」だ。しかし、面接はかなり重要だ。だから、新幹線の車内で長男に手伝ってもらって一生懸命練習したのだ。次男は車内では名前も言えていたし、年齢も言えていた。それだけで良い。これでダメなら落ちても諦めるが、逆にいえば、普通に喋れれば勝機は十二分にある。

面接は、私たち父子と女性二人の先生（副園長先生と先生）の四名で行われた。後々分かったことであるが、この幼稚園の先生たち、実はただ者でない人たちだった。国立のJ教育大学附属幼稚園に配属された先生たちは皆、教育委員会などから期待されたいわば「スーパー先生」であるといっても良い。その後異動した副園長先生たちは、教育委員会の重要なポストに戻ったり、小学校の校長先生になったりしている。面接官の先生方も、将来重要なポストに就くだろう方々だ。ちなみに園長先生は幼児教育専門の大学教授が兼任している。

面接の話に戻る。私の左側に次男が座る。「お名前は？」次男の対面に座る副園長先生が聞く。「予想通りの質問だ。

さあ我が息子よ、存分に言うが良い。新幹線のときのように、にこやかに」と、面接にふさわしくニコニコして息子を見守る私の隣で、次男はポーっと口を半開きにして黙っている。しばらく教室は沈黙に包まれた。「お名前、言えるかな？」再度質問が来るが、次男は表情を変えず黙秘している。「恥ずかしいのかな？　じゃあ、何歳かな？」という優しい声で副園長先生が言う。次男黙秘。教室は静寂に包まれる。遠くで鳴いているだろうカラスたちの鳴き声だけが聞こえる。今のところ、副園長先生以外誰も言葉を発していない。「どんな遊びが好きかな？」もう一人の面接官である女性の先生が、初めて次男に問いかける。次男、これにも黙秘。

「もうダメだー。終わった。ほかの幼稚園を探さねば！」心の中で私は叫んでいるが、表情はにこやかに努めた。そして私は、「今日、大阪から朝早く新潟にやってきたので、次男はとても疲れているようで……」と、この空気の中では最高のフォローを入れた、と思う。二人の先生方も、「そうよね。疲れているわよね。今日はわざわざ来てくださって本当にありがとうございました」と笑いながら言ってくれた。面接時間は五分間もなかった。この状況での「ありがとうございました」は結構、考えてしまう。「ありがとうございました……そして、さよなら」とも聞こえる。嫌な予感が脳裡をよぎる。

「では、これで面接は終了です。お疲れ様でした」と副園長先生が言った。何の「面接」だったのだろう。ただし、大人たちがお互い「お疲れ様」だったのは良く分かる。結局、次男は幼稚園の中では一言も言葉を発さず、見事に完全黙秘を貫いた。たしか大学時代、法律学で学んだ黙秘権は、理論上「黙秘する側の利益」になった。しかし、ここは裁判所ではない。私たちの利益になるわけがない。

ピンチの後のチャンス

今回の入園試験、誰が次男の親になろうが、これを大失敗と思わない親はいないだろう。とにかく、朝七時に大阪を発ち、はるばる新潟で受けた私たちの入園試験がいろいろな意味で「終わった」。面接が終わったからとはいえ、帰りたくても勝手に帰ることは許されない。全員の面接が終わるまで控室の教室で待たねばならない。控室で待っている間も、次男は表情を変えることなく私の隣で黙って座っている。楽しそうに談笑するほかの家庭と違い、私と次男は沈黙のなか、ほかの受験者の面接が終わるのをひたすら待った。そして五組全員の面接が終わった後、副園長先生が受験生と保護者全員に挨拶して入園試験は終わり、解散となった。

私は面接の途中から、失望のなかで「追試みたいなのはないのか」と「さっさと帰りたい」、この二つの希望をひたすら望んでいた。一つ目の「追試みたいな」チャンスは叶わないだろうが、二つ目の希望が、今、ようやく叶った。早く帰ろう。私たちが、幼稚園の門を出ようとしたとき、「お父様」と言う呼びかけが聞こえた。副園長先生だった。「あのう、申し上げにくいのですが」と、私へはにかんだ表情で言う。「やはり、終わった。これからどうしよう」私はさらにネガティブな想像を瞬時に膨らませた。しかし、その後の言葉は予想していたものとは大きく違った。

「お父様、申し訳ありませんが、四月より入園されるのでしたら、三月中に入園の手続きをしなければならないのです。早急に入園料などをお支払いできますでしょうか」と副園長先生は言う。なんということだ。予想外も予想外だ。私は冷静を装い、「分かりました。大阪で早急に手続きをします」と言った。しかし、「新年度まで期間がなく、入園料は大阪ではなく、新潟の〇〇銀行に、三月末までに振り込んでいただかなければならないのです」と、振込用紙を渡された。時間を見れば、一四時四五分、あと一五分で銀行窓口が閉まる。今振り込めば入園させてくれるということなのか。いや、不合格後、返金もあり得る、変な期待を持たぬ方が良いのか。頭の中に様々な想像が飛び交う。「ただちに振り込んできます」と私は言い、車にいる白井のもとへ走り、「すぐに近くの〇〇銀行へ行ってくれ」と伝え、車で五分ほどのところにある〇〇銀行へ向かい、慌しく振り込んだ。

突然の展開を前に、自分の置かれている状況が良く分からなかったが、とにかく手続きに集中した。その集中力も、帰りの新幹線に乗ったときに一気に切れてしまった。疲れ切っている私をよそ目に、次男は幼稚園での様子とは反対に、新潟に来るときのように再び多弁となり、長男とはしゃいでいた。まるで「新潟の幼稚園に行かなくてすむ」という勝利の確信をもっているようだった。明日は木曜日であり、私は仕事である。もう、どうでもよくなった。

今までで一番嬉しい合格通知

どのような合格通知でも、もらえば嬉しいものだ。高校、大学入試のときもそうであったし、自動車運転免許試験や英語検定試験も嬉しかった。しかし、今回頂戴した幼稚園の合格通知ほど嬉しいものは今までになかった。もちろん、私の大学院の合格通知よりもはるかに、である。次男は「幼稚園行くの？」と不安げに聞いてきたが、私は「おめでとう」とだけ言った。

一方、新潟から帰った深夜、私から入試の様子をイラスト付きで「ほう・れん・そう」（報告・連絡・相談）されていた妻は、私に「なんで受かったの？」と率直な疑問を投げかけた。次男は、遊びの試験に参加せず、面接試験では一言も発さなかった。私がフォローして上手くその場を乗り切ったのだから、と、私は「私の合格通知」と錯覚して喜んでいたのかもしれない。とにかく嬉しかった私は、「そうやな。なんで受かったんやろか」と答えたことだけを覚えている。しかし、そんな「歓喜」が落ち着いた後の私にとっても、それは必ず解明したい疑問となった。後に教育学を学んで理解したことだが、国立大学の附属幼稚園は、「研究」が最も重要な存在意義の一つとして挙げられる。遊び試験に参加せず、かつ面接試験でも完全黙秘を貫いた次男は、「品行方正」の観点では間違いなく不合格だが、「研究対象」としては見事に合格だ。そんな事情で受かったのではないか、とも今は考える。

まあ当時は、そんなことはどうでも良かった。とにかく次男は園に受かったのだ。これで心置きなく新潟に行ける。一気に春の訪れを感じた。

第一章　一年目の春

親子それぞれの学び舎へ

一　新潟生活のスタート

「せわしない」引っ越しと手続き

さて、四月一日の午後、引っ越し業者が白井の家から私の新居へ荷物を持ってくる。そのために私たちはまず、三月三一日に新潟へ行き、その日は家族全員ホテルに宿泊する。四月一日の朝一に大学へ行き、学生支援課で鍵をもらい、入居の手続きをする。そしてすぐに市内の引っ越し業者に部屋番号を伝え、作業を行う。何とも「せわしない」入居である。妻も仕事を休んで、手伝いに来てくれた。私の住む「世帯用学生宿舎」への引っ越しはかなりたいへんであった。私の部屋は三階であるが、世帯用の宿舎は古い。一九七〇年～八〇年代に建てられた団地そのもののたたずまいで、もちろんエレベーターもない。階段の幅も狭い。引っ越し業者も、現代の大きくなった洗濯機や冷蔵庫の搬入に苦労している様子だ。私が次男ぐらいの年齢の頃、三〇年以上前の記憶だが、（洗濯機は覚えていないが）自宅の冷蔵庫はもっと小さかった。そんな昔のことを回想しながら、何とか夕方までに引っ越し作業を終えた。

翌日からは、妻が子どもたちの衣類の整理や、新学期の準備などをしてくれた。私は新潟での住所が決まったので、ただちに新住所を記入し、子どもたちの通う小学校や幼稚園の手続きをした。しかし、これも曲者だった。多くの書類を作成せねばならないことは覚悟していたが、問題は住所だった。

「新潟県○○市◇◇町□番地　J教育大学世帯用学生宿舎B棟三△△号室」

世帯用学生宿舎の住所はとにかく長い。しかもJ教育大学には、世帯用、単身用、留学生などのための国際用の三種類の学生宿舎があるため、住所は一つも省略できないという。息子たちや私の通う学校のために、この長い住所を、あらゆる書類に手書きで書かねばならない。結局、五〇回は手書きしたと思う。新学期が始まる前に腱鞘炎になりそうだった。

親子三人での新生活

妻にはいつまでも新潟にいてほしかったが、そういうわけにはいかない。別れの日がやってきた。私の大学院入学式が終わった日、妻は大阪へと帰ることになった。妻は最後まで次男のことを心配しており、私に「本当に大丈夫?」と何度も問いかけた。「大丈夫。楽勝やで」とは言ってみたものの、これほど妻と離れるのがつらいときはなかった。妻が帰ると、新居で長男、次男、私の男三人生活が始まる。長男もさすがに寂しくなったようで、「お母さん、今度いつ会えるの?」と私や妻に尋ねる。「ゴールデンウィークやから、すぐ会えるで」と、私は自分に言い聞かせるように答えた。まずは一ヶ月、四月を乗り切ってみよう、と覚悟を決めた。

妻を新幹線の駅まで車で送り、子どもたちと見送る。妻は、淡々と新幹線の改札を抜け、手を振って、上りエスカレーターに消えていった。妻が見えなくなっても、息子たちは一生懸命、しばらく手を振りつづけた。その姿に私はとても胸を突かれた。もとはといえば大学院に行くのは私のわがままだし、子どもたちとここで生活するのも私の希望を押し通した結果だ。妻の姿が消えた途端、「ああ、とうとう男三人の生活が始まった」と実感した。子どもたちと新たな家に帰り、「さあ、今日から男三人の生活や。イエーイ」とテンションを高めて言った。子どもたちも一緒に高いテンションで付き合ってくれた。

新生活のルール

男三人での生活が始まるにあたって、私は簡単なルールを作った。それは、「①何をしてもいい」が、「②嘘はつかない」こと、そして「③ちゃんと私に相談する」こと、というものである。「①何をしてもいい」とは、本当に何でも自由にしていい、ということだ。ジュースやお菓子、アイスも好きなときに自由に食べていいし、我が家にゲームはないが、インターネットやテレビも好きなときに観ていいことにした。これには長男、次男共に大喜びだった。②については、次男を意識している。次男は幼稚園嫌いが高じて、大阪で様々な嘘をつくようになった。「咳が出る」「体がしんどい」(から幼稚園を休みたい)、といったものである。私は怒ることはなかった。むしろ三歳の次男がつく嘘に、「三歳のくせに大したものだ」と感心していた(だからといって幼稚園を休ませはしなかったが)。

ここでの生活では、保護者は私しかいない。大阪では私や妻のほか、私の父母(子どもたちにとっては祖父母)とも同居していたので、保護者がたくさんいた。しかし、ここは大阪から四五〇キロメートル以上離れた新潟の地だ。今まで通り次男の嘘に感心している間に休み癖をつけられては、私は授業に出席できなくなる。だから、嘘をつかないように約束し、その代わり③のように「私に相談すれば柔軟に対応するから大丈夫だ」ということを息子たちに分かってもらおうと考えた。

二　親子三人、それぞれの学び舎へ

順調そうな長男、てんてこ舞いの私

四月上旬、幼稚園、小学校、大学院の新学期がほぼ同時に始まった。誰が一番たいへんそうだったか。小学校に通

う長男は、不安もないような表情で、淡々と通っていた。どうやら、長男はさほどたいへんではなかったようだ。同じ宿舎から通う長男の「学友」たちは、小学校新四年生の女子児童、新三年生の男子児童、新二年生の長男を含む男子児童二名の計四名である。鹿児島、愛知、新潟、そして長男の大阪と、皆出身地が異なる。しかし、小学生の頃によくやったロールプレイングゲームの「パーティー」のように、縦一列に隊列を組んで登校する四人と、その前から三人目に位置する長男を見て、「まあ、長男は上手くやっていくだろう」と感じた。問題は、私と次男である。

まずは私のことから話そう。私は、序章でも触れた幼馴染の南場と一緒にいたため、オリエンテーションは難なく乗り切れるかと思ったが、奨学金の申請や授業料免除の申請をする必要があった。これがまた面倒だった。住民票、私と妻の課税証明書などの書類をわざわざ大阪に戻って取りに行かねばならない上、書類にかなり細かく理由を書き込む必要がある。今は分からないが、当時はこれも「手書き」書類であった。

申請にあたって、さらに煩雑な事情があった。私は四月から「自己充実休職」扱いだったので、実質「無収入」になる。大学側に伝えたところ、「その場合、自分が無収入であることの証明を会社から発行してもらう必要がある」とのことだった。しかも、なんと一週間以内に用意しなければならないという。それを聞いたときの私の困惑ぶりは、想像に難くないだろう。一般企業にお勤めの方ならご理解いただけるだろうが、証明に必要な会社の社印をもらうのも簡単ではない。総務部に連絡して丁寧に事情を説明し、社内で処理してもらわなければならない。ハンコ一つといえど、そう簡単にもらえるわけではないのだ。お役所仕事的な制度と、企業や、いわゆる社会人大学院生である申請者の実情が乖離していて、私は頭を抱えたが、焦る気持ちを抑えつつ、メールと電話で東京本社の総務部に事情を説明し、速達で証明書類を送って対応してもらうことにした。

その上、私には扶養家族がおり、税金も継続して支払わねばならない。税金や社会保険料は前年度の収入を参考にするので、今年度の私にとってはあまりにも高額だった。とても「無収入」大学院生の私に支払うことなどできない。そこで、税金や社会保険料は、新聞社が立て替えてくれることになった。

自分で選んだ道とはいえ、日本では家族を持った時点で、キャリアアップが難しくなることを実感した。政府も法人税を減額するのであれば、その見返りに社員のキャリアアップを補助する制度をもっと経済界に求めてもいいのではないか。「少年老いやすく、学なりがたし」とはよく言ったものだ。年を取れば、頭脳だけではなく、家族を養うなどの経済的事情によっても「学ぶことの難しさ」が生まれることがある。

次男を登園させるには？

ここからは次男の話である。幼稚園の入園試験では終始表情を崩さず、一言も話さなかった次男は、長男のように「普通に」通うことは無理そうであった。最初の通園時は、泣きじゃくり「行きたくない」と言い続けた。これが初めての幼稚園であれば、そういう園児もいるだろう。しかし、次男は大阪で幼稚園を経験済みである。大阪でも通園時は毎日泣いていたので、またかと私はうんざりした。しかしながら、今更後へは引けない。私は、とにかく楽しさを強調して幼稚園へ連れ出そうと必死だった。

まず、新潟には温泉が多くあることを踏まえて「幼稚園が終わったら、温泉に行こう」と言ってみた。次男は、「温泉って何？」と聞き返してきた。ダメだ。温泉のよさを分からない時点でこの手は通じない。次の手段、長男は昔から食べ物で釣れる。次男はどうか。「幼稚園に頑張って行ったら、夕飯は好きな食べ物にしよう」と誘ってみる。しかし「いらない」と即答。妻の「次男は食べ物では釣られない」という助言が、今更ながら身に染みた。あとは何だ。本か。長男は、幼稚園の頃にすでに字が読めたので、本をよく読んでいた。一方、次男はまだ文字が読めない。本ではダメだ。では、インターネットか。次男は動画配信サイトの「YouTube」をよく観ている。そこで、「幼稚園から帰ったら好きなだけYouTubeを観ていいんだよ」と言ってみたが、次男の幼稚園に行きたくない力の方が勝り、挫折した。最後の手段として、父権を使い、私が「キレる」という荒技があるが、さすがにまずい。

むしろ、なぜ次男は泣いているのかを考えよう。そうか。前の幼稚園が合わなかった次男であるが、次男には新しい幼稚園の情報が不足していた。だから、どんなところか分からずに泣いているのだ。「新しい幼稚園は楽しいところだ」と伝えればよさそうだ。大阪時代通っていた幼稚園も、決して悪い幼稚園ではなく、むしろとても人気のある幼稚園だった。不満といえば、都会にあり、「一クラス三〇人の園児は多いな」と思っていたぐらいだ。J教育大学附属幼稚園は、一クラス一五人ほどの園児で、大阪のときの半分。それに対して先生は二人もいる。目もよく行き届くだろう。次男には、「大阪の幼稚園と違うよ。遊ぶだけだから、まずは行ってみて、ダメだったらお父さんに教えて」と言い、なんとか幼稚園まで歩いて連れて行った。

すごい先生たちと出会う！

意外にも、J教育大学で学友となるだろう各地から集まった「すごい先生」たちよりも先に、幼稚園で「すごい先生」たちと出会うこととなった。教室の外に着くやいなや、あれだけ泣いていた次男がわずか数秒であっさり泣き止み、教室へと消えていったのだ。S先生の明るい話術のおかげである。何ともはや、神業だ。次男のクラスは年中組で、O先生とS先生（ともに女性）が担任である。O先生は元々小学校の先生らしいが、今年からJ教育大学附属幼稚園の年中組の担任になるとのことだった。S先生は数年前からこの幼稚園にいるらしい。この幼稚園に派遣される先生の優秀さについては白井から聞いていたが、たしかに次男の様子を見れば、認めざるを得ない。

研究室選びのポイント

私の話へ戻ろう。入学後、大学院生は、まず「研究室まわり」をして研究室を決めなければならない。大学院生は皆、研究室を訪問し、担当の先生と話をして、研究室を決める。しかし入学時、私はすでにK教授の研究室に入ることを決めており、自分の取りかかる予定の研究に関係する論文を集める作業に入っていた。

入学前から、研究室を決めていたのにはいくつか理由がある。まず、私は「どのくらいの研究費を得ているか」を指導教授を選ぶ基準の一つにしようと思っていた。研究熱心な、または、様々な分野に研究の視野を向けている人ほど、より多くの研究費を得ているはずだ、と考えたのだ。K教授は、前年、J教育大学で研究費が二番目に多かったという。おそらくマネジメント能力にも長けているはずだ、と睨んだ。そして、なによりK教授を選んだもう一つの理由は、私が研究しようと考えていた「新聞教育」にも精通していたことだ。

私は、大学院の合格通知をもらった昨年の一二月中旬頃に、メールでK教授にコンタクトをとり、まず「息子二人を連れて家事・育児と学問の両立は可能か？」と質問させていただいた。K教授はすぐに「今までそのような大学院生はみたことがないが、全面的に協力する」と返答してくれた。とてもいい人のようだ。研究についても相談したところ、新聞と教育の研究、海外の学校教育の研究などをしたい私の要望にも、真剣に向き合ってくれた。また、これから住む町の基本情報や、息子の学校のことなど、学問以外の様々な相談にも乗ってくれた。私の心は決まった。だから、ほかの多くの大学院生のように、研究室選びに悩む時間は必要なかったのである。これは手続きや準備に追われ、多忙な四月になることを予想していた私の、唯一のファインプレーだったのではないか。

「異様な大学院生」としてスタート

J教育大学院に入学するもう一つの理由は、教員免許の取得だった。私は、法学部で司法試験の勉強をしていた学部時代、教員免許を取ろうとは全く思わなかったが、今回はせっかくの機会なので、教員免許を取得することにした。ところが、一つ問題が生じた。J教育大学で教員免許を取得したい大学院生は、大学生と同じ講義に出席し、単位を取得しなければならないのだ。これが苦痛だった。三六歳の「おっさん」が一八～二〇歳前後の学生たちに混ざって講義を受ける。特に私の場合、一から教育学を学ばなければならず、大学一、二年生の学生たちと学ぶことになる。つまり、まだ私の半分ぐらいしか生きていない学生たちと、机を並べて学ぶのだ。どうしても目立ってしまうし、学生たちだってやりにくいだろう。「学ぶ姿勢に年齢は関係ない」と思うかもしれないが、実際にやってみると、結構たじろいでしまう。明らかに先生方も、私に気を遣っているような気がした。ちなみに幼馴染の南場は教員免許を取得する気はないようで、まだ研究室選びに悩んでいた。私自身の意志とはいえ、そこは南場がうらやましかった。

救いの手として、上手くいけば、大学時代に取得した単位が教員免許に必要な単位として充てられるという話を聞いた。もちろん、どの教科の教員免許なのかによるが、法学部出身の私が、数学や理科の教員免許を取るわけがない。ここは社会科しかないだろう。高校の公共科（現代社会）という科目の教員免許を希望し、さっそく卒業したK大学へお願いして、私が学部で取得した単位のうち、社会科教員免許に充てられる単位は何か、調べてもらった。

その結果、該当したのは体育、外国語、日本国憲法だけだった。何とまあ、少ない！　大学時代に学んだ英米法も、比較憲法も、刑法も、日本法制史も、つまり日本国憲法以外、社会科の教師には何の役にも立たないということか。でもまあ、体育の単位を取らなくていいのは助かった。アラフォーの「おっさん」が二〇歳前後の若者と一緒に体育などしては、免許を取る前に体を壊してしまう。

しかし、教員免許を取るには七〇単位ほど必要だという。大学院修了の単位は、それとは別に二八単位。合わせて一〇〇単位ほどを二年内に取らねばならないことになる。単純に考えれば、一科目二単位なので、一〇〇を二で割って二年間で五〇科目の講義を取り、しかもすべて合格点を取らないといけない。それも、家事と子育てをしながらだ。たしかにK教授の言う通り、私のような大学院生は珍しかろう。

四月から見る「来年の悪夢」

そうはいっても、先ほどの単純計算のようにはいかない。大学の講義を受けて、単位を取るにはこの一年目が勝負だ。来年は教育実習と修士論文執筆の両方をしなければならないからだ。教育大学の大学生ならば教育実習だけだろうし、大学院生ならば修士論文だけだろう。しかし、私は大学院生と大学生の「二足のわらじ」を履いていた。教員免許を取るために、一つも単位を落としてはならないし、かといって、社会人の身で入学した以上、大学院の研究も適当にはできない。すでに来年の春、多忙を極めている自分の姿が容易に想像できた。まあ、私の選んだ道だから仕方がない。ここは本気を出して頑張るしかない。自業自得とはいえ、私の人生もせわしないものだ、とつくづく思う。

次男の成長

長男はともかく、次男も私同様、新しい環境に戸惑っているのではないか。四月になって、同じ不安を共有する者として、次男の気持ちがよく分かるようになったつもりである。

しかし、意外にも、次男は幼稚園に行くようになった。毎朝泣くことは泣くが、それは「お約束」という程度になり、すぐに泣き止む。どういうことだと考えたが、何てことはない、やはり幼稚園の先生の力だった。「明日は……しよう」という楽しみを与えつつ、自由に活動させている。管理型だった大阪の幼稚園とは異なり、そこが次男の「ツボ」に入ったのかもしれない。そんな次男が現在抱える悩みといえば、「ハッピーランチ」という週二回ある給食が嫌いで「ハッピー」ではない、ということぐらいだ。J教育大学附属幼稚園は、去年か一昨年に給食制度を開始した。週二回といえども、その日は弁当を作らずに済み、保護者にとっては本当にありがたい。彼にもそんな悩みの種はあるが、通園そのものに関しては、私より早くトンネルを抜けたようだ。少しうらやましかった。

幼稚園が終わった後の預かり保育も今年から始まった制度であった。白井が私を大学院へ誘ったときの説得材料の一つであり、一八時まで預かってくれるという。預かり保育のT先生は、子どもが同じ幼稚園の出身らしく、愛園心も強い。だからというわけでもないが、安心して預けることができる。T先生は気さくで話しやすく、とてもありがたかった。これらの要素もあいまって、次男は大阪の幼稚園時代に比べても、嫌がることなく通い始めたのである。

三　奨学金と授業料免除のこと

「お金の問題」発生

次男の通う姿を見てホッとする間もなく、次の課題が発生する。「お金の問題」だ。日本学生支援機構によれば、無利子の大学院奨学金第一種を借りることができれば、月八八、〇〇〇円を二四か月貸与される。しかも大学院の場合、大学とは異なり、二年間優秀な成績でかつ研究実績を残せば返還は免除されるという。その上、J教育大学院は、入試の成績がよければ「授業料全額免除」がある。それがもらえたら、収入がなくても何とか暮らせるだろう。そう白井からは聞いていた。現在「無収入」の私にとっては是が非でも欲しいし、あわよくば、奨学金の返還免除も勝ち取りたい。そこで、先に触れたような準備を乗り越え、二つとも申請してみた。

ところが申請後、私は大学事務室へ呼び出され、担当職員から「このままでは第一種の奨学金をもらえない」と伝えられた。理由は「大学時代の成績が悪いから」である。一〇年以上も前の成績が今、ゾンビのようによみがえってくるとは思いもしなかった。しかも、その場で「返還免除のない、利子付きの第二種奨学金に切り替えてはどうですか」と提案を受けた。「第二種奨学金」に切り替え？　第二種奨学金とは、返済の義務が確実に発生し、さらに利子もつくという「教育ローン」の一種で、卒業後の返済で苦しむ人が多く、教育問題の一つとしてもメディアで頻繁に取り上げられている、いわくつきの制度である。突然勧められた私は驚愕した。その上、「全額免除」だと思っていた授業料も「半額免除」だと伝えられた。

この一連の流れを終えた私の気持ちを想像していただけるだろうか。思い通りに事が進まず、しかも制度側から切り捨てられたような心持になり、収まりきらぬ憤りを感じていた。そこで、一度帰宅し、落ち着いてからもう一度考えてみた。当然、頼みの綱である無利子奨学金制度と授業料全額免除を得られない絶望もあったが、それだけではない。担当職員から「適切な説明」を受けれなかったことに対しても、当時の私は納得できていなかったのだ。

気がつけば再び、私は事務室へと向かっていた。もう一度話を聞いてみよう。それでも納得できないのであれば、K教授には申し訳ないが、いっそのこと大阪に帰ってしまおうか、と考えていた。わざわざ休職して新潟まで来た理由を立ち返って考えてみれば、私にとっては「お金の問題が生じない」という部分がきわめて大きかったのである。お金の問題が生じるぐらいなら、家から通える関西の大学院に入学すればよかろう。子どもを養う必要のあった私にとって、「お金」はそれほど大きな問題だった。

奨学金の事情、授業料免除の事情

とはいえ、納得がいかないからといって、感情のままに事務室に乗り込んでも、事態の打開にはつながらない。誠実な話し合いにつなげるためにも自分の方でも制度について今一度調べる必要があった。

まずは奨学金について見てみよう。大学院において第一種奨学金を受給するための資格には、「大学等・大学院における成績が特に優れ、将来、研究能力または高度の専門性を要する職業等に必要な高度の能力を備えて活動することができると認められること」とある。新聞社の仕事が「高度の専門性を要する職業等」に入るかどうかは読者の判断に委ねるが、働く上で「必要な高度の能力」を備えて活動するために学びに来たのは事実である。たしかに、学部時代は授業にも出ずサボってばかりいたので真面目ではなかったし、ゆえに成績も悪かったが、それは社会人になる以前の話だ。余談だが、私の出身大学では一応法学部が看板学部であり、高い成績評価をとるためのハードルもそれなりに高かった。すべて「S（優）」を取ることなど不可能に近い。それを可能にした希少な連中は、司法試験に一発で合格したとか、国立大学の医学部医学科に編入したとか、そんなずば抜けた連中だった。大学のレベルや成績評価の基準に関係なく、取得した単位の成績だけで考慮するというなら、難易度の低い大学へ入学し、優秀な成績を取って卒業したほうが有利になるのではないか。私はそう疑問視した。

次に授業料免除についても見てみよう。「一、経済的理由による免除　二、大学院修学休業制度等を利用して修学する者の免除　三、教員採用候補者名簿登載期間延長制度を利用して修学する者の免除　四、社会経験者の免除」が免除の資格となるようだった。しかし、自分がどれに当てはまるのかはよく分からなかった。

どちらの制度に対しても、いったいどのような基準で選考されているのか、詳しく知る必要があった。しかし、実際に事務室に赴いて質問しても、受給不可であることを伝えられるばかりで、なかなか納得できる回答を得られない。誰にとってもお金の問題は大切なものであるが、特に私は「無収入」の「扶養家族持ち」だった。先にも触れたが、会社や市役所へ連絡し、早急に資料や必要書類を揃え、速やかに提出する、という一連の作業にも多大な手間がかかっている。私だけの問題ではなく、妻子にも影響が出る話だ。おそらく、金銭的理由から奨学金制度や授業料免除制度を申請するほかの多くの学生も同様だろうが、私にも納得できないままには引き下がれない事情があった。しばらくすると、担当者の上司と見受けられる二人の人物が私を別室へ案内してくれた。

別室では、改めて私の話を聞いた職員が、詳しい事情について答えてくれた。奨学金については、J教育大学院では今年は特に申請者が多く、選考するのは日本学生支援機構であるため、結果については何とも言えないが、申請者が多いことを鑑み、機構に追加採用を求めている、とのことだった。ただし、追加採用者の支給開始は八月以降なので、経済的に苦しく早急にお金が必要な人は、利子のある第二種奨学金を借りてほしい、という話が続いた。最初からこの説明が聞けたらすんなり納得できたのに、と思いはしたものの、とにかく腑に落ちる説明が聞けた。

次に授業料免除だ。これも、今年は申請者が多いとのことだった。本当は全額免除にしたいが、大学の予算が決まっており、できれば全額免除を一人出すよりも半額免除を二人出してあげたいので、災害などで被災した人以外の対象者は半額免除にしたとのことだった。これにも納得である。「大学時代の成績が悪いから」とばかり説明されていたときとは印象もずいぶん違う。

事情を聞いてみれば、苦しい経済状況に立たされて学資援助を求める申請者の多さが分かった。事情を知った私は「ほかの学生のために授業料半額免除を辞退しましょうか？」と聞いてみたが、「あなたも子どもを連れて会社を休職してきているので、たいへんでしょう。研究や勉強に集中するためにも、半額免除ですが、受けてください」との答えを頂いた。その上、「お子様たちは、新しい学校や生活に慣れていますか？」と、私たちの新生活まで心配してもらい、私もすっきりした気持ちで帰路についた。先に触れた第二種奨学金制度に代表されるような、高等教育にまつわる構造的な問題はもちろん早急に解決されるべきであるが、実際にその制度を利用しようとする申請者も皆、それぞれに事情や金銭的な困難を抱えている。その一人ひとりに対して、大学側からも紋切型ではない丁寧な対応がなされることが期待される。

四　雪国の春を楽しむ

K教授研究室の「先輩方」と

第一種奨学金の追加採用を待つことにし、授業料半額免除を受け入れることになり、お金の問題には決着がついた。ようやく研究に向けて意識を高められる。とにかく学問が優先だ。そのように意気込んでいる私に対し、K教授は正反対の気楽さで接した。研究の話をしても、いつもはぐらかされてしまう。教授室を訪れ、研究の進め方を聞く私に対し、「まあ、そんなに焦らずに、今週末に花見に行きましょう。日本でも有名な桜がきれいな公園ですよ。お子様たちも連れてきてくださいい」と言う。お子様たちを連れて行くのもいいが、私としては、早く研究に取りかかりたい。来年は忙しくなるので、あわよくば一気に終わらせてしまいたい、と焦る気持ちが募る。K教授は新潟県出身で、同県内中学校社会科教師を経て、同県内大学教授になった、いわば生粋の新潟県民である。声も性格も「温厚」そのものである。新聞社で血気盛んな部類に入れられていた私とは、ちょうど相性はよさそうだ。しかし、研究に意気込んでいる私に対し、K教授の「温厚」な対応は、はやる私をたびたびやきもきさせた。

そんないら立ちを抱えながら、週末に研究室の花見が行われた……と言いたいところだが、結局雨で中止になってしまった。内心「ラッキー」と思ったが、「雨ニモマケズ」である。後日、研究室メンバーでのバーベキューが開催されることになった。会場は大学のすぐ近く、つまり、私の家のすぐ近くだ。車で二〇分かかる公園での花見よりは行きやすいが、私はそれよりも研究がしたい。参加を渋る私とは異なり、息子たちは初めてのバーベキューに大喜びであった。「このバーベキューが研究室の大学院生たちとの初対面になるから、必ず参加してください」というK教授の言葉を思い出す。本音を言えば、当時はほかの大学院生にさして興味はなかった。しかし「面倒くさい」を押し殺し、私は参加することにした。

「雪国の風流」をK教授から学ぶ

K教授の研究室には、留学生が二名、日本人が四名、計六名の「先輩方」がいた。四人の日本人大学院生全員が、大学卒業後そのまま大学院へ入学し、教員や就職を目指して勉強している、いわゆる「ストレート・マスター」と呼ばれる学生たちであった。つまり、私の先輩とはいえども、全員私より一回り年下である。ストレート・マスターのほとんどが三年間の長期履修を選択し、教員免許取得と大学院修了を果たすと同時に教員採用試験を受け、そのまま教員になることを目指していた。一年先輩とはいえ、彼らの大学院修了は、二年間で修了する私や南場と同じ年度となるわけだ。

社会人の私と、社会人経験のほとんどない「先輩方」、そんなギャップに皆、最初は私に話しかけづらそうにしていた。しかし、息子二人のおかげもあってしばらくすると一気に打ち解けた。教育大学院生であり、かつ将来学校の先生を目指す学生が多いので、皆子ども好きなようだった。上手に息子たちと遊んでくれている。というわけで、子どもたちは「先輩方」にお任せして、私は研究の話をするため、K教授の側から離れないようにした。これは私が仕事でもよく使う手法だが、情報を聞き出すため、徹底的に「マーク」をするのだ。

「乾杯。おめでとうございます」の発声とともにバーベキューは始まった。何が「おめでたい」のかは分からないが、今年、K教授研究室に入ってきた私の「同期」は、留学生が一名と、私を含む日本人が二名、計三名であった。一人は北海道から来た「イケメン」で、この三月に大学を卒業したばかりのストレート・マスターの青年である。性格もとても落ち着いており、好青年だ。留学生は、中国の農村からきた女性で、年齢は二〇代後半ぐらい。この人も日本語を熱心に学んでいて、とても好人物であった。よかった、「同期」には恵まれたようだ。

さて、K教授はといえば、側にいた私に開口一番、「大阪は雪が降りますか?」と聞いてきた。「何を言っているんだ。降るわけがないだろう」といら立ちながらも「大阪はあまり降らないですね」と私が答えると、K教授は、「この地域は昔から雪が多く、冬はずっと室内にいることが多いのです。だから春という季節は、どの地域よりも嬉しい。学生たちは、ほとんどが他府県から来ており、地元の人のように春の訪れのありがたさが分からず、雪に埋もれる冬の間の習慣のまま、当たり前のように、室内に居続けてしまいます。実はそれはとても危険で、春になれば、半ば強引に外に出さないと、春になっても冬の習慣で室内にこもり、結果「うつ」のようになってしまいがちなのです。だからこの時期は勉強を忘れて、外へ連れ出すように企画するのですよ」とビールを片手に言った。

そうか、「大阪に雪が降るのか」という質問は、わざとだったのか。そういえばK教授は、大学時代は東京であったし、関西にもよく出張で行くことを、この前私にも話していたし、都市部の気候を知らないはずはない。

K教授は自身の出身地である新潟のことが、心から好きなのだ。だから、雪国の人間が心得ている四季の過ごし方を、他府県から来た学生にまずは教えるのだ。たしかにメンタルケアやヘルスケアも、大事な指導者の仕事である。K教授の言葉は、雪国とは縁遠いところに、しかも息子たちも一緒に連れてきた私には、とてもありがたく、むしろ「雪国の風流」を感じた。それまでは、K教授から研究指導をもらうまでは徹底的に「マーク」するぞ、と思っていた。しかし、K教授の雪国生活における「最初の助言」をもらい、私もこの地域の気候に慣れるまでは、研究の話をするのはしばらくやめることにした。

第二章　一年目の夏
大学院生たちと出会う

一　疾風怒濤(シュトゥルム・ウント・ドラング)の生活

ゴールデンウィークまではうまくいったけれど……

大学院に入学して一ヶ月。あっという間に月日が経ち、ゴールデンウィークに入るとすぐさま、私たちは大阪に帰った。妻は、子どもたちが元気にやっているのでホッとしていた。私もこの一ヶ月間うまく過ごせた自負はある。大学と大学院の授業が始まったが、問題は火曜「六限」の授業だ。通常、大学は五限までのはずだが、教員免許を取るためには、六限、七限の授業に出なくてはならないという。六限は一八時から一九時半の九〇分間だ。しかも、この六限の授業は、一度も休んではいけないという厳しい「縛り」があると聞いていた。どのような理由であれ、一度休んでしまうと、次年度に再受講する必要があるという。しかも、この講義を履修して単位を取得せねば、次のステップである教育実習に参加できない「魔の連鎖」が続くらしい。よほどのことがない限り、どんな苦難があろうとも、火曜六限は出なければならないのだ（しかし、忌引きや急病などの場合はどうすればよいのだろう）。

幸い、今のところ、この六限がある火曜日はすべて出席できている。ありがたいことに白井か南場が我が家に来て、子どもの「保護者」になってくれているからだ。しかし南場だって、法学部を卒業した後はずっと社会人で、研究には縁のなかった「研究初心者」だ。五月以降は研究で忙しくなってくるのが容易に想像できる。いつまでも手伝ってはくれないだろう。白井も出張があるし、仕事が忙しくなれば残業しなければならない。ゴールデンウィーク以降、それぞれが本格的に忙しくなるのが目に見えている分、まだ皆々が忙しくなかったために上手くいった四月の一ヶ月間が、むしろ私の不安を煽った。まさに嵐の前の静けさだった。

ゴールデンウィークが終わり、我々は大阪から再び新潟へ戻った。いよいよ、「火曜六限」を中心に様々な鬼門が立ちはだかる。大学院の講義も、一八時を超えて続くことが多くなってきた。私にとっては一大事である。本来なら次男のお迎えに行かなければならない時間である。次男の幼稚園は、通常であれば、一八時までしか預かれない。預かり保育のT先生は、一八時を過ぎても、毎回嫌な顔一つせず、次男と二人で遊んでくれて、私のお迎えを待ってくれていた。しかし私の心は痛んだ。先生方と、園児が次男だけとなった幼稚園の灯す明かりを見るたび、誠に申し訳ない気持ちになる。このままではいけないが、どうすることもできない。そんな葛藤が七月の後半まで続いた。

息子と過ごす一日のスケジュール

「働き方改革」が叫ばれる以前の新聞社の働き方は激務だった。しかし、大学院生と主夫の両立は、もっと激務だった。自分の時間が全くとれない。ここで入学時から七月までの私のスケジュールを紹介しておこう。なぜ七月までなのかは、この先を読み進めてもらえば分かるだろう。

まずは、六時一〇分に起床。自分の洗面や、着替えなどを素早く行い、すぐに次男の弁当を作りながら息子たちの朝食の準備をする。六時五〇分、子どもたちが起床。毎朝必ず泣いている次男をなだめながら、子どもたちの洗面、着替え、朝食の世話をする。長男は近所の子どもたちと七時一五分ごろに登校。次男は七時五〇分に登園なので、七時三〇分から洗濯機をまわす。「朝の七時半から洗濯機をまわすとはけしからん」と思われても仕方ないが、世帯棟とはいえ、ここは大学院生の寮である。大なり小なり皆、同じような生活スタイルなので理解があり、クレームなどは一切なかった。自宅から幼稚園は近いので、次男を幼稚園まで徒歩で送り、八時ごろに幼稚園から帰宅し、急いで洗濯物を干す。食器を洗い、掃除を行い、大学に行き、大学の食堂で朝食をとる。

J教育大学は、朝食がなんと二〇〇円で食べられる。安くてとてもおいしい。それに一限があるときは、八時四〇分から授業が始まるので、八時三〇分までには体が大学にある方がよい。二限が終わり、一二時ごろ昼食。三限目があるときは、南場や白井と一緒に昼食を食べることがよくあったが、そうでない日は、車で一〇分ほどの距離にあるスーパーに行き、夕食と明日の朝食、次男のお弁当などの食材、トイレットペーパーや洗剤などの日用雑貨を買いに行く。スーパーから戻ると、夕食の下準備をする。準備が整えば、また大学に戻り、大学院や大学の授業を受ける。五限が終わり一八時ごろになって、次男を幼稚園に迎えに行き、次に長男を迎えに行く。

次男の幼稚園の預かりは一八時までだが、長男は、小学校の近くにある、最大一九時半まで小学生を預かってくれる「児童クラブ」に預けていた。幼稚園からは車で一〇分ほどかかる「児童クラブ」へ長男を迎えに行き、その後、帰宅し、洗濯物を取り込み、夕飯を食べ、温泉に行く。家のお風呂は一度も使わなかった。寮室の風呂は湯を沸かす釜が古く、追い炊きをすると毎回、謎の白い物体が浮かんできた。風呂釜用洗剤で一〇回以上洗っても謎の物体は出続けた。まだ釜の奥に大量にあるだろう成分不明の白い物体を入浴剤にする気にはなれない。それに、ここは温泉地、周辺に天然の温泉がたくさんある。これぐらいの楽しみがなければ、やっていられない。

温泉から戻ると二一時ごろになり、息子たちは就寝。私はここから教員免許を取るための大学の講義や、大学院講義のレポート制作、予習、復習などをする。大体、午前二時半ごろに私も就寝する。遅く寝て、早く起きることは新聞社で慣れっこだった。ここで激務の習慣が役に立つとは。嬉しくもあり、悲しくもあった。

二　大学院生たちとの出会い

「型破り」で研究熱心な教員大学院生との出会い

そんな「疾風怒濤（シュトゥルム・ウント・ドラング）」の生活のなかで、素晴らしい出会いもあった。大学院の授業に慣れれば、大学院生同士仲良くもなる。特にゴールデンウィーク明け、N県から派遣で来た畑中さんとの出会いは、その後、私の大学院生活や、教育学に対する考え方を大きく変えることになる。畑中さんは、N県の小学校教員で、私と性別も年齢も同じだ。つまり、南場や白井とも同学年となる。九州の国立大学卒で、同大学院をすでに修了しており、「今更、J教育大学院に来る必要があるのだろうか」と私は思ったが、J教育大学は「生活科・総合的な学習の時間」という科目の研究で有名であり、それが畑中さんの専門研究分野でもあるので、「本場」に学びに来たと聞いていた。

しかし、私の経験からいえば、「本場」という誘い文句はワクワクさせる分、「期待外れ」になることも多い。例えば「本場○○」という触れ込みの料理店などがそうだが、元々の期待が大きいからか、期待していたもの通りでなければそのズレが気になってしまうからなのか、いずれにせよ「期待外れ」になってしまう。そもそも、授業実践と研究とは別物であり、ギャップがある。優秀な教員として派遣されてきた畑中さんも、早くも五月にはそのギャップを感じたようだった。教育学の世界に踏み込んだばかりだった私だが、畑中さんの授業記録を読むと、素人目に見ても、畑中さんの方が優秀な教育実践を行っているように見受けられた。畑中さんは「本場の研究といっても、実践を豊かにしているわけではない」というような失望を感じていたのかもしれない。

畑中さんは、日本でも有名なある教授の研究室に所属していたが、四月に入ったばかりの研究室を五月には変えたがっていた。大学院に入ってみて分かったことだが、大学院の研究室は、外部との接点も少なく、閉鎖的なところがある。研究室を変えるというのは、簡単なようでなかなか勇気が要ることだった。特に各都道府県から派遣された教員大学院生が研究室を変えるということは、「教員というプロの教育実践者が、その研究室の教授を否定すること」

とも捉えられかねない。そうなれば、自身の研究もそこそこに、研究室の教授の顔色をうかがうような一部の大学院生が、あれこれ取り沙汰することもあるのが実情らしい。

畑中さんは、研究室を変えられないならN県に帰ることも考えていた。とはいえ、N県からの派遣である以上、簡単に大学院を辞めて、地元に帰ることはできないだろう。さらにいえば、畑中さんは、小さな子どもたちと妻を置いて、はるばるN県から新潟へ単身で来ている。距離でいえば、大阪の私よりはるかに遠い。先に述べたが、大学院に派遣された教員は皆優秀だ。毎年各都道府県から一～二名が選ばれ、給料を支給されながら大学院へ入学する。将来を期待された教員たちばかりである。ゆえに、畑中さんのように、入学一ヶ月後には大学院を辞めて地元に帰ろうとしている前例などないにちがいない。畑中さんを大学院へ推薦した上司にも迷惑がかかるだろう。しかし、それでも畑中さんは帰ろうとした。私は、そんな畑中さんのいい意味で「型破り」なプロ意識を、とても気に入ってしまった。

教員が人手不足の昨今、わざわざ現場を抜けて大学院に派遣させてもらったのに、自分のやりたい研究ができないのであれば、いっそのこと地元に戻り学校現場に復職したほうがよい、という畑中さんの主張を聞いて、私は正論だと思った。研究の世界では、教授の指示によって希望する研究ができなくなることもよくある。それは、すでに他大学院を修了している畑中さんだって当然知っている事情だ。なかには、自分の希望する研究テーマを扱えなくなり、失望しながらも、周囲に迷惑のかからぬよう、教授の指示通りに研究する教員大学院生もいるという。しかし、私はその時点で、その人自身の問いから目をそらしているのではないか、と考える。

自分が明らかにしたいと思える研究をしなければ、せっかくやってきた二年間の意義はない。ここは学部ではなく大学院であり、教員大学院生は、教育のプロフェッショナルとして来ているはずだ。ゆえに、ストレート・マスターの大学院生よりも豊富な教育実践経験をもとに研究したいという、より高い志と目的があって来るはずだし、そうでなければならない。「教授に言われたから」とあっさり妥協して研究テーマを変えるのは、本末転倒である。なかには、そんな畑中さんの態度を「大人気ない」と批判する大学院生もいた。しかし、畑中さんの決意は決して子どもじみたわがままではないように私には思えた。彼は、その研究熱心さゆえに妥協しないのだ。彼は教員になる前、前の大学院在籍時に研究の妥協を経験したという。だから「プロ」になった今、「一切妥協はしない」とのことだ。

そんな話を、暖かくなった五月半ば、畑中さんと一緒にランチをしたときに、本人の口から聞いた。偶然、私の所属する研究室のK教授が、大学院生を管理する役職に就いている、とバーベキューで聞いたのを思い出し、K教授へとつないだ。畑中さんにもその旨を伝え、「N県に戻るのはもう少し後でいいのではないか」と助言した。さっそく畑中さんはK教授に相談し、別の研究室へと移った。畑中さんにはとても感謝され、私たちは仲良くなった。

後日談であるが、六月に次の研究室へ移った畑中さんは、二か月後、夏休みを経て、再び研究室を移った。実のところ、私は畑中さんがいずれまた研究室を変えることは予想していた。二つ目の研究室でも、畑中さんが求めている研究はできないだろう、とうすうす感じていたからである。私は畑中さんと話せば話すほど、「一緒に共同研究をしたい」と思うようになっていた。そして、もし次に畑中さんが研究室を移るなら、世話役のK教授が引き取るしかなくなるだろうと思っていたので、その時期が来るまで、私は「寝て待つ」ことにした。一〇月、私の予想は思っていた以上に早く的中し、畑中さんはK教授研究室に入り、落ち着いた。つまり、それからは私と同じ研究室に所属することになったのである。自身の持つ問いに妥協することなく、一年で三つの研究室を渡り歩いた畑中さんは、ある意味「熱心」を通り越して「希少」な方である。

ストレート・マスターたちとの出会い

K教授は人気があるようで、研究室に所属する大学院生は多かった。しかし、K教授研究室に所属する私以外の大学院生は、留学生、もしくは、大学を卒業してそのまま大学院生になったストレート・マスターの方々であった。ストレート・マスターたちの多くは、三年間の長期履修を行い、修士課程と同時に教員免許を取得し、そのまま教員になることを目指す。実のところ、私は当初、年齢を気にしていて、一回りも年下で、新聞社内でいえば、大学卒業後すぐに入社する新入社員たちと同じぐらいの年頃の彼らと、上手く話を合わせたり、ましてや交流を深めたりすることはできないだろうと思っていた。

しかし、研究室内の講義、いわゆる「ゼミ」には毎週出席しなければならない。「ゼミ」では、修士論文作成を控えた二年生以上の大学院生たちが自分の研究経過を発表する。私は一年生なので、それを聞く必要がある。本来ならば、上級生の研究状況を見聞し、次年度の自分の参考にするのだろうが、五月の時点で、私はむしろ情報収集の仕方や文章の書き方はもちろん、今まで得た知識をアドバイスする側になっていた。私は一番年上だったが、一応後輩である。生意気な先輩風を吹かす人も一人くらいはいるかと思ったのだが、研究室の留学生やストレート・マスターの大学院生たちは皆謙虚で、いつしか私によく相談しに来てくれるようになっていた。

私としては、教育学系の自分の専攻に近い学術学会誌に載っているような論文をしっかり読み込んでさえいれば、教育学研究はそれほど難しいものとは思えなかった。まさに、「学問に王道なし」であり、「教育学に終わりなし」である。教育とは答えなきものであるため、はるか昔から先人たちが、様々な教育実践を多く残している。それゆえ、数多くの論文を読めば、必ず自分の考えに近い先行研究論文に出会えるはずだ。しかし、どうも「先輩方」はあまり読めていないようだった。それもそのはず、彼らの多くは、将来研究者ではなく学校の教員を目指しており、大学院の研究よりも、教員免許取得のための授業に重きを置いて忙しくしているようなのだ。実際、大学院生としての研究と、教員免許取得の大学授業の両立はきつい。教員免許取得の授業は、課題が多い。それに加えて研究も、というのであれば、相当な知識と読解力や文章力、そして要領のよさが要求される。大学を出てそのまま大学院生となったストレート・マスターたちにとってはつらいだろう。

しかし、教育学においてまだまだ素人である私も条件は同じだった。大学院の授業と教員免許取得のための大学の授業、二足のわらじで、一週間のほとんどが授業で埋まっている。教員免許を取りつつ、教育学研究をするというのは、時間的な制約が大きい。要領よくこなしていくしかないのだ。そして、長い企業生活が幸いしたのか、どうも私は今までのところ要領よくこなせる方だったようだ。

これは断言できるのだが、厳しい時間的制約のなか、J教育大学院のストレート・マスターたちは、本当に、とても真面目だった。またこれは大学全体の雰囲気として感じていたことだが、服装や容姿からも教育大学の学生たちは真面目に見えた。例えば、大きなお世話かもしれないが、大学生も大学院生も性別問わずわざわざ髪型やメイクなど気にしないような学生が多いように見える。服装も、ジャージやトレーナーなど動きやすい服装の学生が多かった。関西の私学に通っていた私の学生時代の同級生たちと比べてしまうからかもしれないが、素朴な見た目の学生が多いように感じた。もちろんお洒落と勉強は両立できないわけではない。しかし、目標を持って真面目に勉学に励んでいるJ教育大学の学生たちに、私は好感を持つようになっていった。

三　休みのない夏休み

夏休み到来！

学業と家事・育児の両立はかなりしんどかったが、四月・五月に問題が多すぎたためか、あっという間に時間が過ぎた。私も何とか日々のテンポをつかんだらしく、いつの間にか慣れてきた。子どもたちも六月、七月と幼稚園、小学校に慣れたようで、次男の寝起きに毎朝泣く姿も「お約束ごと」として板についてきた。

そのなかで、子どもたちも無事終業式を迎えて夏休みが来た。息子たちの終業式の日、義父、義母が新潟に旅行を兼ねて来てくれた。私は夏休み中にも、教員免許取得のために五つ、六つほどの集中講義を受けなければならなかったため、大阪に戻れない私の代わりに、息子たちを大阪に連れて行ってくれることになった。義母は、元気そうな孫たちを見て、私の子育てが上手くいっていることを褒めてくれた。私は最大の理解者である義母に褒められ、とても嬉しかった。息子たちは大阪に帰れること、そして妻に会えることに大喜びだった。私も子育てから解放され、勉強に集中できるので内心嬉しかった。しかし、「楽は苦の種、苦は楽の種」である。秋に差しかかる頃、私にとって大学院生活最大の悩みが到来することとなる。

「一般的な大学院生」になれた喜び

一般的には大学院生にも夏休みがあるが、私にはなかった。教員免許取得のため、ほぼ毎日大学の講義を受けなければならない。しかし、自分のペースで洗濯をし、自分のペースで食事をし、自分のペースで寝る。そんな当たり前の生活が、こんなに幸せだとはとても思わなかった。子どもがいれば、息子たちを育てる楽しさや発見も多々あるが、ペースは崩れてしまうものである。何かに打ち込もうとするときに自分のペースで過ごせるというのは最高だ。大学院一年目の夏、私はようやく「一般的な大学院生」になれたのである。そうなれば、普通の大学院生同様、余暇の時間ができた。南場もこの夏は大阪に帰らず研究をするというので、一緒にご飯を食べたり、酒を飲んだりと、大学時代以来、久しぶりにゆっくり語り合うことができた。どうやら、南場はすでに研究に行き詰まっているようだった。

南場のこと

ここで、南場について話そう。彼とは幼稚園から高校まで一緒で、いわゆる幼馴染である。しかし中学までは私とは特に接点もなく、「ただの知り合い」という感じであった。南場と仲良くなったのは中学三年生の頃だった。南場は卓球部員で、私はサッカー部のキャプテンをしていたが、私はサッカーしかしてこなかったので、勉強が全くできなかった。かけ算の九九もできなかったほどだ。私は中学三年生の夏にサッカー部を引退すると、一気に押し寄せる高校受験の勉強と現実についていけず、学校も休みがちになり、ゲーセン（ゲームセンター）にこもるようになった。そのとき、一緒にこもってくれたのが南場と数人の友人たちだった。

南場は当時、私より要領がよかったので、学校に行ってはいたものの塾はサボり、私と一緒にガラの悪いゲーセンに深夜閉店時までいた。その頃格闘ゲームが流行っていたのだが、彼は本当にプレイが上手く、対戦相手を打ち負かしては悪態をつき挑発していた。六〇連勝くらいは普通にしていただろう。つまり、六〇回相手を負かし、その都度挑発するのである。そして、相手が南場の挑発に乗り喧嘩になる。そんなとき、南場の代わりに、身体を使って暴れるのが好きな私と、ほかもう一人の友人が出てくるというわけだ。ガラの悪いゲーセンの最もガラの悪い連中だった。

ところで、現在、「eスポーツ」といわれるようにゲームが競技となり、市民権を得つつあるが、二〇年遅かった。世が世ならば、南場はプロになれただろう。小さなゲーセンとはいえ、一回五〇円という安さもあり、南場に勝負を挑んでくる者は多かった。忘れられないのは南場に対戦を何度も挑み、簡単に打ち負かされていたある少年が、その数週間後に開催された格闘ゲームの全国大会で優勝したことだ。当時のゲーム雑誌に乗っているのを見てびっくりした。つまり非公式だが、南場の方が全国チャンピオンよりも強かったというわけだ。南場は全国大会に参加しなかっただけであり、もし参加していれば、そして当時「eスポーツ」がもっとメジャーだったらと想像が膨らむ。

そんな「悪縁」もあって、私たちは一緒の高校に入った。しかも私と南場は三年間同じクラスだったので、まさに親友というか、戦友に近い状態であった。我々の高校は、私立の元商業高校の男子校であり、世間で言われる「レベルが高くない学校」であった。高校の周りの多くの店には、我々の高校の生徒に対する「入店お断り」の張り紙が堂々と貼ってあった。一度意を決して、入店禁止の店の一つに入り、店主に張り紙の理由を聞いたことがあった。店主は、語気を強めて「君らとは言わんが、君らの先輩方がうちの店でしてたことは万引きやない。略奪や」と即答した。それを聞いて、何となく腑に落ちつつも、悲しい気持ちに包まれた。

そんな南場も私も高校入学時は、学習に対するモチベーションは低く、授業中は教室の後ろの席だったため、寝るか、マンガを読むか、ゲームをするかであった。ただし、私たちの高校は、九九もできない私のような生徒を人並みに「更生」させてくれる学校で、小学校の算数から教えてくれた。その分、一日九時間目まで授業がある。最初は中学時代のように寝ていたが、九時間目まで頑張って寝ると、夜眠れなくなってしまった。ある日の授業中、南場は、いつものように机に伏せて寝ていると、生まれて初めて「金縛り」にあい、急に身体が動かなくなったらしい。机に伏せて寝て「金縛り」にあうなど聞いたことがなかったが、そのときの「金縛り」がよほど怖かったのだろうか、その後、南場は発憤興起し、勉強するようになった。そして、それにつられるように私も猛勉強し、南場は現役で、私は一浪して大学に入った。そんな高校時代であったが、多くの高校時代の友人たちとは、現在も連絡を取り合っており、付き合いがある。偏差値的にはレベルは高くなかったかもしれないが、その分、私たちの絆は深い。

その後、南場は四年で大学を卒業し、当時「就職氷河期」といわれる就職難だったにもかかわらず、大手の証券会社に入り、東京本社へ赴いた。しかし、東京での一人暮らしが合わなかったのか、それとも会社が合わなかったのか、数か月で辞め、大阪に帰ってきたのち、保険会社で営業の仕事に就いた。その後、再び転職し塾講師となっていた彼を私がJ教育大学院に誘ったわけだ。

親友として言える彼のよさはやはり、他人の悪口を絶対に言わないことである。中高時代、ゲーセンで対戦相手に一生分の悪態をついたからだろうか。私が司法試験を目指し、妻に食べさせてもらっていたときにも、大学時代の後輩たちや高校時代の級友たちは私を「ダメな奴」などとからかっていたが、南場はそのようなことを一度も言わなかった。そして昔と変わらぬ付き合いをしてくれた。これぞ親友である。私はこのことを一生忘れないだろう。もちろん新聞社に就職した後も付き合い方は変わらなかった。このような友人がいることは、得難い幸運である。

そんな南場であるが、大学院一年目で研究に行き詰まっていた。彼は大学卒業後、社会人時代は営業職しか経験していなかったので、研究とは縁遠い生活を送っていたのだからしかたない。研究するにも、どのようなことをすればよいのかが分からないのは当然だ。社会人が大学院に入学すれば、大なり小なり同じ苦労をするはずだ。私が幸運だったのは、偶然新聞社に就職したため、ワード、エクセル、パワーポイントなどを仕事で使っていたことだ。また、新聞を毎日読んでいたのも、知識だけではなく文章力、読解力の向上に役に立っていた。そう考えれば、新聞社での仕事に教育との親和性があったのも、また幸運なことだったといえる。

南場は毎回、研究室のゼミで長時間勉強していたが、自身の研究テーマへのアプローチがなかなかできないことに悩んでいた。私も一緒に彼の研究テーマに近い論文を探した。しかし、彼の悩みの本質は文章力であった。文章力を培えていない状況では、作文や小論文を書くときにも「自分が今、何を書いているのか」が途中で分からなくなることがある。彼もそれに陥っていた。文章力は簡単には身につかない。南場は読書好きだったので、活字を読まないということはなかった。それでも、大学院での研究や論文執筆となれば、相当な文章力が要求される。また、南場の所属する研究室の指導教官も、性格が合わないわけではないのだが、厳しかった。大学院生、特に社会人経験者の大学院生は、立派な大人である。大学生ならいざ知らず、社会人経験者が子どものように怒られながら、厳しい指導をいつまでも受け入れるのは難しいだろう。大人には大人の指導方法を用いなければならない。

社会人経験者の大学院生の多くは、強い決意を持って研究をしに来ている。そうでなければ普通に働いているだろう。ゆえに、ストレート・マスターたちよりも、自分のしたい研究への思いが強い社会人大学院生は「取り扱い注意」であるともいえるかもしれない。頭ごなしに本人の研究意欲やスキルを否定すればどうなるか。畑中さんを見れば想像に難くないはずだ。また、社会人経験があるゆえに、パワハラやセクハラはもちろん、アカハラ（アカデミック・ハラスメント）など、社会通念上の問題にも厳しいだろう。

さらにいえば、私は南場の幼馴染なので、彼の性格はよく分かっているつもりだ。彼は苦しい業務には耐えられるが、人間関係で耐えられなくなることがよくある。今は厳しく叱責されても耐えているが、スキルをある程度身に付けたとき、南場がどのような行動をとるかは目に見えていた。彼も畑中さん同様、研究室を変えるだろう。

夏休みに押し寄せる集中講義

私が大阪に帰らなかったのは、そんな研究に悩む南場と一緒に過ごすためではなかった。先述の通り、夏休みには「集中講義」がたくさん詰まっていたからだ。通常の講義では、半期（約四か月）を目途に一五回の講義に出席し、試験を受け、合格すれば単位を取得することができる。しかし、集中講義は、その課程を三日間で終わらせるという過酷なものだ。一日五コマの講義を受けるので、朝八時半から一八時までみっちりと勉強漬けとなる。私の場合は、大学院の研究や講義ではなく、教員免許を取るために必要な単位取得を目的に、集中講義を受ける必要があった。日本では、教員を目指す学生たちは教員免許を取得するためによく勉強する。免許取得にはかなりの単位が必要なのだ。教育学部の学生は遊んでいる暇はなかなかない。私もこの年の七月で三七歳となったが、三七歳にしてこの集中講義で苦しむことになった。

四　研究室と大学院生たち

九月以降の計画

この集中講義のたいへんさから考えても、九月以降、さらにたいへんなことになることは容易に想像できた。大学院の授業は通常十月からであるが、九月から、一足先に次年度の教育実習に向けたプログラムが始まる。このプログラムは、小中学校などに訪問し、児童・生徒を観察したり、授業見学をしたりし、それに基づきレポートを書くというものだ。欠席は許されず、もし欠席すると次年度の教育実習に参加できない。そういった「縛り」のある講義が、前期の「毎週火曜日」以外にも増える。しかもこれらの講義では、大学のバスに乗り大学外へ移動するので、通常の講義のように定時に帰れないし（通常の講義でも定時になかなか帰れないが）、かなり帰りが遅くなることもあるという。当然、我が家では子どもたちを迎えに行けないし、夕飯も作れないだろう。そうならないためにも、早い段階で、長男と次男の面倒をみてくれる人物を確保しなければならない。「南場や白井がいるじゃないか」と言いたいところだが、南場もこれからより研究生活が忙しくなるだろう。白井も出張が増えるという。

そこで、私は「大学院生にアルバイトで来てもらおう」と考えた。教育大学なので、子ども好きは多いだろう。それに、雇うならば、大学生よりも年齢を重ねた大学院生がよい。しかし、教員大学院生は、公務員ゆえに副業禁止である。そこで、同じ研究室のストレート・マスターや留学生に声をかけた。ストレート・マスターの大学院生は、大学からそのまま大学院へ入学したのもあって、お金に余裕がないはずだ。留学生だって似たようなものだろう。私の考えは当たった。私の研究室は男女半々の割合だったが、研究室の男性院生は皆アルバイトをすでにしており、「アウト」だった。しかし、私と同じ研究室の留学生の女性が、子どもたちの面倒をみてくれると快諾してくれた。おそらく二、三回程度の「アルバイト」となってしまうため、申し訳なかったが、これで講義に打ち込めると安心した。

「田舎」のアルバイト事情

都道府県からの派遣で来ている教員大学院生は、給料が出ているし、そもそも公務員なのでアルバイトはできないのだが、ストレート・マスターたちはどうだろうか。J教育大学は新潟県にあるが、「海あり、山あり、温泉あり、冬は雪あり」の自然豊かなところであり、いわゆる「田舎」である。そんな環境でアルバイトを探すのは難しいようだ。しかも、移動は車かバイクがないと不便極まりない。車やバイクがない学生は、徒歩か自転車で通勤することになる。しかし、男性ならともかく、女性の場合、アルバイトが終わって夜遅くに帰宅することになると、田舎ゆえに都会よりは犯罪も少ないとはいえ、徒歩でも自転車でも危ないだろう。くわえて、そもそも教員免許を取るには学業が忙しく、アルバイトに打ち込む時間がなかなかとれない。そのためか、私と同じコースに所属する車やバイクがない女性大学院生のうち、アルバイトをしている人は半数ぐらいであった。車を持っておらずアルバイトをしている女性大学院生の多くは、車を持っている友人や彼氏に頼んで、アルバイト先から毎回送り迎えをしてもらっていた。

雪国という厳しい自然のなかで育まれた気質なのか、教育大学の校風なのかは分からないが、大学院生同士・大学生同士の助け合い、すなわち「互助」をこの大学ではよく見かけた。私の卒業したK大学は、都会にある私立の総合大学だったが、学部も学生数も多いためか、都会に立地するためかは分からないが、このような助け合いはほとんど見かけることがなかった。恋人ならともかく、男女関係なく学友たちを助けるため、当たり前のように毎日仕事先まで送迎する姿は、私から見れば、人がよすぎるほど立派に見えた。

「国際理解教育」について

ここで私が所属することになった研究室で扱う分野についての話をしておこう。K教授の専門分野の一つは「国際理解教育」である。「国際理解教育」は別名「異文化理解教育」ともいわれているが、自身と異なる文化や民族について理解した上で、自分自身が自分の国や地域、社会の一員であるという意識を持って、自らの考えを持つための教育である。とても立派だが、教育の分野ではあまり目立たない。なぜなら、教育分野では「国語科」や「算数科」など、教科研究の方が目立つからだ。教科ではない「国際理解教育」は、それほど目立たないのである。

持論を述べると、私は「異文化理解教育」が日本ではより重要だと考える。日本でもグローバル化が進み、国際的な感覚を身に付ける必要があるのはもちろんだが、日本政府は、少子高齢化が進む国内でも、外国人労働者を受け入れなければ、将来的に労働力が不足し、その結果豊かさを維持できないという見解を出している。その一方で、私の個人的な意見としては、外国人労働者を受け入れなければ、豊かさを維持できないとは思わない。「豊かさとは何か」と一口に言っても、モノやカネなどの「物質的豊かさ」なのか、「精神的豊かさ」なのかで答えが変わってくるだろう。

それよりも問題なのは、一部の日本人のなかに、自身と異なる文化や習慣、分かりやすいのは、肌の色の異なる人々などを受け入れがたいと思うようなマインドがまだ残っているように見受けられる点だと考える。外国人労働者を受け入れるということは、彼らの子どもや、家族を受け入れることである。外国人労働者しか受け入れず、その子どもや家族の入国は認めないような都合のいいことは、先進国で、人権を重んじ、民主主義を奉じる日本では難しいだろう。「「基本的人権」は、日本国に住む者全てが有する」という司法判断にも反する。しかし、「子どもたちの肌の色、風習、宗教などが違うことでいじめや差別があってはならない」ということは、口では簡単に言えるのだが、その実現には不断の努力が必要である。

日本の学校教育で喩(たと)えれば、分かりやすいのは「給食」だ。日本で浸透している宗教の多くは、食べ物に制限がない。しかし、世界では宗教上食べてはいけない食べ物が多く存在する。宗教上食べられないものを「禁忌(きんき)」と呼ぶ。イスラム教徒は、豚肉やそれに由来する食品は絶対に食べてはならないという戒律があり、厳密にいうと、イスラムの教えに則った食品（ハラルフード）しか食べられない。給食で豚肉を使うのは論外であり、敬虔(けいけん)な教徒であれば、ハラルフード以外は何も食べられないかもしれない。ユダヤ教であれば、豚肉に加え、エビ、カキ、イカなどの甲殻類も食べられない。日本が外国人労働者を受け入れる以上、当然「給食を食うな」「日本の給食が嫌なら国に帰れ」といった暴言は通用しない。日本国憲法や児童の権利に関する条約でも教育の機会均等が保証されている。「ならば、給食をなくせばいい」という意見もあるが、日本の子どもたちも七人に一人――近年では六人に一人ともいわれている――が貧困状態にある。栄養状態が悪い子どもたちにとって、給食は大切な制度なのである。

教育に答えはない。ゆえに、これらの問題は、現場の先生や学校だけで解決できる問題ではないだろう。しかし、これを解決していくための一つが、「国際理解教育」であると私は考える。教科教育の研究・実践はもちろん大切だが、世の中の流れを鑑みると、教育者には異文化や背景知識への深い理解と教養も必要である。これこそが、教育制度を変えていく一歩であるだろう。

留学生から学ぶ、様々な視点

話は変わるが、K教授研究室にいる中国から来た留学生たちは皆とても真面目で努力家だった。J教育大学院では、研究室に一人一つずつデスクが与えられる。K教授の研究室にはストレート・マスターや留学生が常に出入りしていた。私といえば、子どもたちを迎えに行かねばならず、自分の机がどこにあるのかも分からないほど立ち寄る機会が少なかった。しかし八月に入り、集中講義の資料やレポートを印刷するため、研究室に立ち寄るようになった。

研究室に所属していた留学生は皆中国人だったため、研究室内での会話は、日本語と中国語の「チャンポン」で交わされていた。ところで、皆さんは「中国語」と聞いてどんな印象をもつだろうか。私が大阪で耳にしたことのある、中国人観光客の話す中国語は、たいてい電車や店に響きわたるほどの大声という印象があった。しかし、研究室で留学生たちが話す中国語は、話している内容こそ分からないものの、静かで、発音がとても美しい。教養を感じさせるような発音で、「これが本来の中国語の姿なのか」と感動するほどのものであった。日本語でもそうだが、同じ言語でも、話し方によってこうも印象が違うものなのか、と改めて気づかされた。

では、なぜ街中ではあんなに大声で話す観光客が目に付くのだろう。留学生たちに率直に聞いた。すると、「中国人は一〇億人以上いますから」と流暢な日本語で答える。「多くの中国人は観光中も静かですよ。そのときは目立たないし、見た目は日本人と一緒ですから、日本人に見えるのでしょう。でも、声が大きい人やマナーが悪い人もいます。その人たちは中国語で大声で話すから目立つのです」という説明を聞いて、これにも「なるほど」と思った。身近なところから得た目立つ情報が偏っていると簡単にステレオタイプな印象に結びついてしまう。そんな思い込みを避けるためには自分のアンテナを出来る限り拡げておかないといけない。その大切さに今更ながら気がつかされた。

苦労と努力の人

さて、K教授の研究室は、「国際理解教育」のおかげか、はたまたK教授の人柄のおかげか、先述の通り大学院生から人気だった。ここで、研究室で出会ったストレート・マスターの女性、川島さんを紹介しよう。川島さんは、学年は私より一年先輩だが、年齢は一回り下の二四、五歳ぐらいで、たぐいまれなる努力家だった。彼女は、お母さんが幼少期より難病を患っており、そのため、幼少の頃に親元を離れ、親戚宅に預けられていたそうだ。しかも、家族に迷惑をかけないために夜間の大学に通い、昼間は働いて学費を捻出し、大学の卒業式では卒業生代表にも選ばれた。また、教師を志すため、一年間社会人をしながら学費を貯めて、J教育大学院に入学し、教育学修士のほか、幼稚園、小学校、中学校、高校すべての教員免許を取得しようとしている苦労人であり、努力の人であった。

二年間で修了する私と異なり、川島さんは三年間の長期履修生ではあるが、教員免許は一つ取得するのでも必要な単位が多く、とてもしんどい。高校社会の免許を取ろうとしている私も、苦しんでいる最中だ。それなのに、幼稚園、小・中・高の教員免許を取るとは……そう聞くだけでも「今どきこのような努力家がいるのか」と感心してしまう。川島さんは大学を優秀な成績で卒業したにもかかわらず、大学時代に取得した単位は、教員免許には全く役に立たないらしい。私でさえ、体育、日本国憲法、外国語は受けなくてよいことになっていたが、川島さんは、すべて一から受けねばならない。取得単位は、私の三、四倍は必要だろう。そんな川島さんに、K教授も一目置いているようだ。

しかし、川島さんもこのような苦労話を私にいきなりするはずもなく、お互いの認識は「教員免許の集中講義で一緒になる、年の離れた同じ研究室の方」という程度であった。ではなぜ、彼女の苦労と努力を知ったのか。それは、次章でのメインテーマとなる、九月以降の次男との一件のおかげであった。

第三章　一年目の秋

眠らない次男と私の解決法

一　眠らない次男

次男の母親がえり

八月最終週、私は大阪に帰った。大阪へ帰っていた息子たちを迎えに行くためである。当初は子どもたちと子どもたちの荷物を車に積んでただちに新潟へ戻る予定だった。大学の集中講義が続くためだ。しかし大阪に帰り妻に会うと、私だって新潟に戻りたくなくなる。「教員免許などいらないのではないか」と葛藤もした。しかし、「教員免許をとらんと、新潟に行った意味がないやん」という妻からの真っ当な指摘を受け、ただちに新潟へ戻ることにした。

生まれ故郷の大阪で一か月以上羽を伸ばした長男、次男も新潟には戻りたくないようだった。夏休みが終わり学校が始まるという、子どもであれば誰もが感じるつらさと、新潟へ戻るつらさが見事にシンクロしたようだった。聞けば、義父義母たちがいろいろと旅行に連れて行ってくれたようで、息子たちにとっては、ＣＭに出てくるような「最高の夏休み」だったようだ。

「それはよかったね。でも、学校が始まるから頭を切り替えていこう」と言う私に、長男は理解を示してくれたが、次男は納得いかない様子だった。その証拠に、「お母さんは？」「また幼稚園に行かないとダメなの？」しか口に出さない。まあ、そのうち言わなくなるだろう、と楽観的に考えていた私は、当時、教育学研究者としても、次男の父親としても未熟であったといわざるを得ない。

次男は、次の日も次の日も次の日も、新潟で同じ言葉を言い続けた。就寝のため消灯した後も、「お母さんは？」「また幼稚園に……」を暗闇の部屋の中で言い続け、全然寝つかなくなってしまったのである。母親にべったりだった次男が、四月に私の都合で一度引き離されたが、七月末、大阪へ帰って、ついに母親と再会した。まるで万葉集の相聞歌に出てきそうな話であるが、私にとっては全然美しい状況ではなかった。次男の甘えん坊が戻ったのに加え、夜寝つかなくなってしまったのもあり、私たちは最悪の状況で九月の新学期を迎えることとなった。

眠れないつらさ

昔、テレビ番組で「人は寝ないとどうなるか」という検証を観たことがある。たしか、「寝ないのは死に至る危険な行為だ」と結論付けていた。そんな命がけの挑戦を、次男は九月以降、新潟の地で行っている。正確にいえば、次男は眠りが浅く、一度眠っても一時間ごとに起きては「お母さんは？」「幼稚園行かないとダメ？」と再三再四聞いてきた。次男のつらさも分かるが、ダメージは、毎度起こされる側の私の方が、大きいのではないか。

私は新聞社に入社してから、睡眠のコントロールが上手くなり、いつでもスッと寝られて、パッと起きられるようになった。しかし、それを特技として自慢していた栄光は過去のものとなり、今は、スッと寝られても、一時間おきに次男の声でパッと起きてしまう自分の特技を恨んでいる。これを繰り返すのは拷問に近い。このときばかりは次男の声を気にせずぐっすり寝られる長男がうらやましい。すぐに起きてしまう私自身や、寝つかない次男への怒りもあったが、大学で教育学を学び半年が経ち、私は「なぜ次男は同じ言葉を発するのか」を冷静に考察できるようになっていた。こんなところで、教育学という学問による自分自身の人間的成長を実感するとは……。

妻もそうだったが、赤ちゃんを持つ母親は、なかなか眠れないという。短時間で何度も起こされるつらさに、私は強く共感できるようになった。妻も含め、世の中の母親はすごい。

次男の体力の秘密

「夜寝ないと、朝・昼が眠い」。動物であれば、皆同じだ。昼寝る夜行性の動物か、夜寝る昼行性の動物かの違いだろう。次男と私は家では浅い眠りのまま朝を迎えている。次男は毎朝眠そうにしていて、「眠い」と泣き出す。もちろん幼稚園に行きたくないという気持ちもあるだろうが、眠いのは次男自身の責任だ。夜寝ればよいではないか。朝に寝させるわけにはいかないので、強引に幼稚園に連れて行くしかなかった。「幼稚園で動いていれば、いずれ夜寝るようになるだろう」という私の考えもあったが、結果的には、その予想は大きく外れていた。

新学期が始まって一週間、幼稚園へ次男を迎えに行くと、担任のO先生が「私に聞きたいことがある」と声をかけてきた。了解すると、別室まで案内された。どうやら園長室らしい。よほどのことがない限り、この部屋で話すことはないだろう。聞けば、次男が昼間ずっと眠たそうで、幼稚園にいる間ずっと寝ているときもあるらしい。「家でちゃんと睡眠をとらせていますか」というのが呼び出しの理由だった。なるほど、次男は幼稚園で睡眠をとっていたのだ。たしかに、「お母さんは？」「また幼稚園に行かなきゃダメなの？」を一晩中、私に問い続けるためには、かなりの体力が必要だ。ゆえに次男は昼、睡眠を「しっかり」とり、幼稚園でそのパワーを貯めていたのだ。

大阪から新潟へ戻り、私も次男も寝ない状態が続いた二、三日間は、朝、次男の方が私よりも眠たそうだった。それは私の体力が勝っているからだと思っていたが、最近それが逆転し、私の方がしんどくなっていた。きっと、私が大学の授業以外に育児と家事を再び両立するようになったからで、「慣れれば体力のある私が有利になる」と言い聞かせていたが、元気よく活動する幼稚園児を横目に、一人睡眠をとって体力を回復する次男は誠に強敵であった。次男が夜寝つくようになるまでは私と次男の体力勝負であり、長期戦になるだろうと私は覚悟していたが、今、長期戦となれば、明らかに私が不利であることが分かった。とはいえ、次男に対抗するためといって同じ土俵にあがり、大学や大学院の講義中に寝るわけにはいかない。家事だって手を抜けない。九月に入り、教員免許の大学講義や課題も増えてきた。息子たちの幼稚園・小学校の行事も増えてきており、家での準備も一苦労だ。そのような日々に睡眠不足が続いては、私の体力は持たないだろう。教室の隅に定置しつつある次男のお気に入り布団を見て、思った。

次男の見事な作戦は、私を確実に弱らせた。先生が私に「昼寝作戦」を教えてくれなければ、次男の体力回復の秘密に気づくことなく、「次男も一緒に苦しんでいる」と思ったまま、私だけが疲労の極限に達し倒れただろう。「知らぬ間に敵を弱らせていく」という次男の戦略は、真に理にかなっていた。しかし、作戦を知ってしまった以上、このまま私に不利な状況を続かせるわけにはいかない。父親の意地としても、男同士の戦いとしても、である。

私には体力のほか、圧倒的に次男に勝る武器がある。それは三七年間生き、培ってきた「人脈」だ。しかも、ここは教育のプロが数多くいる教育大学である。そこで、J教育大学院に派遣で来ている現職の先生方に意見を聞くことにした。つまり、教員大学院生の畑中さんたちに意見を聞いたのである。

二　先生方からの学び

答えは自分で考えなさい

J教育大学院に入学している現職の先生たちは皆、本当に優秀だった。都道府県を代表して大学院に学びにきている先生たちだ。授業が上手なのは当たり前で、教育学研究にも熱心だった。そんな彼らは普段、私と肩を並べて学び合う大学院生同士だが、今日は次男との問題を解決へと導いてくださる大先生方だ。

そんな先生方を迎えるため、お酒やつまみを買い込み、料理を作って私の家に呼ぶことにした。彼らは六、七月、ちょくちょく私の家に来ては、リビングで教育学について朝方まで話し込んでいた仲だ。そのときは各々が酒や料理を持ち込んでおり、私がお酒や料理をすべて用意することはなかった。しかし、今宵は事情が違う。息子の今後を導く大先生方なのだ。料理を作りながら自分にそう言い聞かせる。私は、自腹で高い方の「本物のビール」を三ダース買いこみ、長男や次男たちにつまみ食いされても大丈夫なほど大量の高いつまみを購入して、先生方をお待ちした。

その日は金曜日の夜だったので、子どもたちはリビングでネット動画を楽しんでいた。そのうち勝手に寝るだろう。次男は、曜日の概念がまだ分からないくせに、なぜか金曜日と土曜日の夜だけは、次の日が休みと知っているからか、夜もぐっすりと眠っていた。この点も腹立たしい。幼稚園での見事な昼寝作戦を見れば、「ひょっとすると、次男は曜日の概念も実は熟知しているが、私を欺くために隠しているのではないか」とすら思った。我が子を疑うのは、人類の長い歴史のなかでもよくあることだろう。いや、そんなことはどうでもいい。今夜ですべて解決だ。私が先生方に用意した枝豆やポテトチップスを長男と勝手に食べながら、動画を見てゲラゲラと笑う次男を眺める。次男よ、私は今夜決着をつける。せいぜい今のうちに楽しむがよい。

本日、宴のゲストは、畑中さんと、もう一人、新潟県で小学校教員をしている男性のM先生、そして南場と私の計四名だ。M先生は、全国で有名な教育賞までとったことがある優秀な先生である。もともと気さくで、いい意味で遠慮しない方々なので、宴が始まってから一時間もしないうちに、私の買った「本物のビール（ロング缶）」を一ダース空けてしまった。そこで、本題に入った。事のいきさつについて説明した後、私は考えていた二つの解決策を提案した。一つ目は、「寝ろ」と怒鳴ってキレること。二つ目は大阪に帰すことである。それを聞いた先生方は、即答した。

「どちらもダメ」とのことだった。

まずは、一つ目である。「キレる」のは最悪らしい。先生方の話によれば、大人にされたことを子どもたちはしっかりと覚えているらしい。私が怒鳴ってキレれば、幼稚園児の次男は今は言うことを聞くだろうし、おそらく夜寝るようにもなるだろうが、数年後、必ずこの余波が来るとのことだった。絶対に怒鳴ってはいけないらしい。そして、今まで怒鳴らなかった私を褒めてもくれた。さすが説明の仕方も優秀である。褒めてもらい、ちょっと嬉しかった。

二つ目の「大阪に帰す」もダメだという。親の都合で連れてきておいて、親の都合で大阪に帰すと、次男が自信をなくすだけでなく、私と次男の関係に今後障壁が生じるらしい。なるほど、さすがだ。ではどうすればいいか。「そこは自分で考えなさい」とのことだった。「せっかく教育学を研究し、かつ、父親の育児参加といういい経験をしているのだから、答えをすぐに求めずに、次男の表情を読み解いて学べ」と助言された。大先生方は、教育学についても議論し、ビール三ダースに加え、私が大事にしていた高価なウイスキーまで飲み干し、朝方五時ごろ帰っていった。

優秀な先生方の回答は素晴らしいが、一見何の解決にもならないように見えた。しかし不思議と、とても心に突き刺さった。結局は「答えは自分で考えなさい」ということなのだ。

素晴らしい教育と「ゲーム」の実践

ところで、大学院で出会った面白い先生方の共通点として、「生活科・総合的な学習の時間」という小学校の授業や、中高生の先生だと「特別活動」の時間を大切にしていた、という点が挙げられる。畑中さんの進学動機になったように、J教育大学がこれらの教育実践で有名だからだろうか。「生活・総合」というのは、基本的には先生方が好きなアプローチをとってよい授業である。それが先生の腕の見せ所であり、面白い先生は「答えがない問題への探究」に児童や生徒たちを誘う。我が家に来てくれた畑中さんや、M先生などの論文、教育実践集を読んでも、その授業は本当に面白い。児童たちが問題に直面したとき、子どもたち同士で解決に向け、調べ、話し合い、時には直接企業や官公庁などに電話したり、質問をしたり、と大人たちを巻き込んでいくのだ。たしかに、児童や生徒に直接質問されると、企業は無視できないし、真剣に答えるだろう。その間、先生はよほど児童たちが逸脱しない限りは余計なことは言わず、児童生徒たち自身が答えを見つけるまで静観している。これは忍耐が必要な対応であり、親がするにも難しい。「それ、間違っているぞ」「こうすればいいんじゃないか」と、先に子どもに言ってしまいそうだ。しかし、大人の干渉は、子どもたちの関心と思考力を下げるという。なるほど、このような授業を受けた児童たちは、いい経験を通じて様々なスキルを得ることができるだろう。余談だが、私が小学生の頃は、「生活・総合」という授業自体がなかった。生活科は私が小学校を卒業した直後の一九九二年度から、総合的な学習の時間は二〇〇〇年度から始まったという。

また、畑中さんもM先生も、子どもたちの流行には敏感であった。大学院一年目の夏、スマホを使ったあるゲームが流行った。そのゲームは外でモンスターをゲットするというもので、当時、スマホを持った集団が深夜に公園や、時には何もない田んぼの一方向へ一生懸命、スマホから指で何かを飛ばすような動作を、画面を見ながら行っていた。私は当時スマホを持ったことはなく、携帯電話はスマホ以前のものだったため、ゲームのルールも知らず、彼らの行動が理解できなかった。しかし、畑中さんやM先生、ついでに南場もそのゲームを始めて、説明を受けてようやく分かった。M先生も畑中さんもゲームに打ち込み、かなりレベルが上がっているようだ。しかし、始めて一週間ぐらいで、二人は打ち合わせしたかのようにゲームを辞めた。理由は共通で、「どのようなものかよく分かったから」であった。実はゲームにどっぷりハマっていたわけではなく、「やるときはとことんハマってみないと子どもの気持ちが分からないが、どうやったら辞められるかを同時に考えないと児童のためにならない」という理由でこのような行動をとっていたらしい。つまり先生方は、教育研究の一環でゲームをやっていたのだ。ちなみに、純粋にそのゲームにハマっていたゲーム好きの南場は、その発言を聞いて、すぐそのゲームを辞めた。私もどちらかといえば南場側である。

彼らは子どもの流行を頭ごなしに否定するのではなく、まずは自分自身がハマってみて、どのようなものかを理解し、一週間ぐらいでスパッと辞める。正論だが、実際にそうすることはなかなか難しい。「教育現場に活かすために」というプロ根性のスパイスがあればそんなことまでできるのか、と不思議でしょうがなかった。そう思えるぐらい、この一週間は、畑中さんもM先生もこのゲームに興じていたのだから。

三　思わぬ解決策

妻への相談（第一回目）

私自身の健康面を顧みても、この熟睡できぬ拷問のような生活が続けば、早晩、私は倒れてしまう。大学院での勉強にはもちろん、私は新潟で唯一の保護者でもあるため、当然子どもたちの生活にも支障が出る。私は、先生方のアドバイスを踏まえてもう少し情報を集めることにした。まずは、一番話が分かるはずの妻に相談しよう。

さっそく妻に困りごとを相談してみると、妻は私が何を打診するか勘づいたらしく、次男を大阪に帰すことを否定し、先手を打ってきた。その理由は、大先生方のような教育的視点に立ったものではなく、「子どもたちを育てるのが大学院へ行くための条件だったのに、一年も経たずに弱音を吐いて約束を破るな」という私への戒めであった。

こうなると、妻は、仮に最悪の状況になり、仕方なく次男を大阪に帰したとしても、「私のわがままで、約束を破った」とみなすだろう。私にも妻の知らない苦悩はあるが、総合的に考えて、次男を大阪へ帰すという選択肢は完全に消した方がよい。妻も、「大阪に帰す方法以外を考えてから、また相談して」と言い残して電話を切った。こういうときの妻の判断は、なぜか正しい。私が意地を張り妻の判断に抗うと、天に向かって唾を吐いたようによくない結果が返ってくる。学生時代からそうだった。改めて、次男を新潟で育てることを前提に考えることになった。

川島さんからの提案

次男を大阪に帰すのが不可能となれば、ほかの手段を考えるしかない。そこで、どうすれば夜に寝てくれるのか、いろいろと考えた。父親的な単純な発想で、まずは次男を疲れさせることを考えた。疲れたらきっと夜もぐっすりだろう。しかし次男は日頃私に対抗するために、昼のうちに幼稚園で睡眠をとり英気を養っている。いくら疲れさせても幼稚園へ通っている限り、寝床は確保されており、ダメだ。モノで釣るのもダメなことは承知済みである。

では、逆に安心させるのはどうだろうか。どうしたら妻がそばにいるような安心を与えられるだろうか。考えた結果、私が母親代わりになることにした。次男は母親の手を握ると、安心してすやすやと眠る。赤ん坊のときから続く習慣だ。そこで、私が妻の代わりに手を握ることにした。寝るときに手を差し伸べると、次男は私の手を握った。「成功か」と一瞬思ったが、例の「お母さんは……」「また幼稚園に行かなきゃ……」を繰り返す。次男は眠らなかった。

九月中旬頃、同じ研究室の川島さん、畑中さん、南場と四人で昼食を食べたとき、畑中さんにその後の様子を聞かれ、「妻のように手を握っているが、どうやら男じゃダメなようだ」と答えた。すると川島さんが、「私が手を握ってみましょうか？」と提案してくれた。川島さんはもちろん未婚で母親の経験はない。「上手くいくわけがない」と思ったが、藁にもすがる気持ち半分と、次男への様々な試みがだんだん楽しくなってきていた好奇心半分で、「是非とも次男の手を握ってやってほしい」とお願いした。川島さんに加え、畑中さんや南場も、その日の夜、様子を見に来てくれた。

次男が眠った！

結論からいえば、次男は寝た。しかも熟睡だった。私ではなく、母親未経験の川島さんの手を握ると、一〇分もしないうちに眠りについた。次男と私の戦いを誰よりも見守っていた親友、南場もこれには驚いていた。私はといえば、さすがにこのときは怒りを感じていた。男とは、そして父とはいったい何なのだろうか。「次男よ、こんなに単純でいいのか。今までの戦いは一体何だったんだ。女性が手を握れば眠るのか」など、様々な感情が交錯しつつ、不眠問題はあっさりと幕を閉じた。しかし、あっさりと熟睡した次男を見れば、逆に私がたいへんだったことが嘘くさくなってしまう。皆に私の苦難の日々を二時間ほどリビングで聞いてもらい、見守っていた南場にも「嘘ではない」ことを証明してもらった後、解散した。皆を玄関で見送った後、チャンス、と私もすぐに布団へ入り、眠った。

次男の今後

次の日、次男と私は気分爽快で目覚めた。八月末から三週間ほども続いた不眠との戦いは終焉を迎え、戦士たちは安らかにぐっすりと眠った。今日は金曜日、平日にもかかわらず、私は久しぶりに体調がよかった。朝、幼稚園に着くと次男の担任O先生が、次男へ「今日は元気そうね。よく眠ったのかな？」と声をかけたが、思わず私もその問いに答えたくなり、一緒に大きくうなずいた。その後大学へ行く途中、元気になったおかげで思考力がついた私の脳裏に、今後の現実的な問題がよぎった。次男を寝かせるために、これから毎晩どうすればいいのだろうか。

毎晩川島さんを呼ぶわけにはいかない。変な噂でも出れば、もちろん川島さんに迷惑がかかるだろう。川島さんはストレート・マスターであるが、二〇歳を超えた立派な成人女性だ。何も起こらないのは当然だとして、世間に誤解を与えぬよう、変な噂だけは避けたい。川島さんだってこれから教員実習で忙しいし、教員になるためにJ教育大学院に来たのであって、次男を寝かしつけに来たわけではない。しかし、昨日の次男の寝落ち方にすっかり拍子抜けした私は、次男を今後どうするべきか、本当に迷った。

旧友たちへの相談

ゲーム好きの読者なら、こんな経験があるのではないか。とてつもなく難しいゲームをプレイして、頑張って時間をかけてクリアしたら、エンディングがあまりにもショボかった……というものだ。私も、小学生の頃にファミコンで、そして大学時代にプレイステーション（初代）で経験した。今回の次男との睡眠バトルの結果は、それと同じ感覚だった。あの寝不足は何だったのか。はたして、こんなにも「ショボい」エンディングでいいのか。いや、しかし、たとえ「ショボい」エンディングであっても二度とやり直したくはない。ゲームとは違い、人間の生活は未来までずっと続くのだ。何とか今日のような熟睡の流れをつかみたい。そこで金曜日の夜、私は白井と南場に相談した。育児経験のない彼らに相談しても大した解決にはならないだろうが、旧友たちは、幼い頃からの私のデータを持っている。多くを語らずとも、表情を読み取って過去のデータと照合し、解決策を一緒に考えてくれるだろう、たぶん。

白井からはやはりあまり役に立たない答えが返ってきたが、今回最もこの戦いを理解している南場からは、意外な回答が得られた。「次男を寝かしつけるためには、やはり女性にお願いするしかないだろう」というものだった。しかし、川島さんに毎日頼むわけにはいかない。そこで、南場と同じ研究室の中国人留学生の女性に頼んではどうか、という話になった。次男を寝かしつけるために、いよいよ大事になってきた。「そうするしかないか。南場、一緒に頼んでくれへんか?」と私が言うと、南場は「ええよ」と快諾してくれた。もちろん川島さんにもお願いしなければならない。私よりはるかに年下で母親経験のない女性たちに頭を下げて育児のお願いをしなければならない現実に、私は父親としての自信をなくしていた。

妻への相談（第二回目）

妻に、前の相談から今までのいきさつを話し、女性たちに頼むしかない、と切り出した。妻は事の深刻さを理解したらしく、「大阪で受け入れようか?」と提案してくれたが、現職の先生方から「大阪に帰すべきではない」と助言されたことを伝えた。しかし、他人に迷惑をかけ、あまりに特殊な環境になりかねないことに、さすがの妻も難色を示し、翌週に急遽、新潟へ来てくれることになった。もしも川島さんや留学生の女性に頼むのであれば、妻も同席した方が私には都合がいい。もちろん彼女らに渡す謝礼の額についても、妻と話さねばならない。

私は本当にしんどくなった。次男を大阪に帰すこともできず、妻だけでなく、はるかに年下の女性たちをも巻き込み、周囲に気を遣わねばならない大学院生活をいったい誰が予想しただろうか。いっそのこと、自分が大阪に帰ってしまいたい、とさえ思った。

川島さんへのお願い

仕事を休んで、妻が来てくれた。妻は次男を見るやいなや、「何で寝れないの？」と私が遠い昔に次男にしたのと同じ質問をした。しかし次男は聞く耳を持たず、妻と一緒に安眠できることに喜びを感じているのか、微笑みながら妻に抱きつくばかりである。まあいい、元はといえば、私が大学院に来たことが悪いのだ。次男は自分の意志とは関係なく「連れてこられた身」なのである。

妻とさっそく話をした。謝礼を出さなければならないことや、まずは川島さんに一緒に頼んでほしいことなどを伝え、妻は不承不承(ふしょうぶしょう)、承諾してくれた。妻からすれば「大阪に帰せばいいじゃないか」という話であった。私だってそう思う。しかし、優秀な先生方は皆、「帰すべきではない」という意見だった。なぜ「帰すべきでない」のかはまだ解らないが、ここはプロの意見を素直に聞いた方がいい。四月から彼らと一緒に学んできたが、彼らの優秀さは、私に自信をもってそう言い聞かせるには十分だった。

解決に向けて、まずは川島さんに我が家に来ていただき、夫婦でお願いすることにした。妻は川島さんに会うなり、「はじめまして」「ありがとう」「ご迷惑おかけしてごめんなさい」の三つを述べた。そして、私から本題に入った。川島さんは私たちのお願いを快諾してくれた。留学生の女性にもお願いすることを伝えると、川島さんは「世帯棟へ移ったから、私が毎日面倒見れますよ」と言ってくれた。それならば、とお願いすることにした。川島さんは謝礼を断ったが、私たちは支払うことにした。お金で解決できるのならば、それが気持ちも含めて一番楽だからだ。

J教育大学院の学生宿舎制度

ここで、J教育大学院の学生宿舎制度について紹介しよう。大学宿舎は入居にあたって、敷金・礼金などは一切かからない。家賃を支払うだけである。J教育大学の大学宿舎は、単身棟、国際棟、世帯棟の三つに分かれている。大学生の多くは大学の周辺にあるアパートに下宿するか、単身棟という大学宿舎に入る。単身棟は大学敷地内にあり、男子棟と女子棟に分かれる。女子棟はセキュリティーが強固である。一方で、大学院生は、単身棟、国際棟、世帯棟のどれかに住むことができる。単身棟だと大学生たちと同じ場所で生活することになる。川島さんや畑中さんは単身棟に住んでいた。単身棟は、1Rで風呂・トイレ・調理場は共同であるが、家賃が安い。家賃は月一万円を切る。

単身棟の女子棟へは当然入ったことがないので分からないが、男子棟は畑中さんの部屋に行ったことがある。畑中さんの部屋には高級な掃除機がありきれいだが、共用部の廊下やキッチンは汚い。通路には男子大学生たちの私物が散乱し、共用キッチンの流し台には、カップラーメンやお弁当の食べ残しがそのまま置いてあることもある。

私たちは世帯棟に住んでいる。世帯棟の間取りは2DKで、風呂・トイレ・キッチンがある。私の部屋の家賃は月一万一千円くらいで安い。私の家は、一部屋は寝床で、テレビがあり皆で過ごせる部屋になっており、もう一部屋は私が研究する部屋で、そちらにはこたつを置き、大学院の資料、論文、書籍などで埋まっている。二部屋は玄関から右と左の廊下に分かれていて、離れている。

国際棟には留学生や大学院生が住んでいる。間取りは1Rから2DKまで幅広く、家賃は世帯棟とあまり変わらないという。南場は九月から2DKの国際棟に住んでいる。南場は、もともとは私と同じ世帯棟に住んでおり、私が三階で、南場は一階だった。引っ越し当初は、狭い階段を三階まで上らずに済んでいる南場がうらやましかった。しかし、自然豊かなこの地域で一階に住む南場の家には、梅雨時期からムカデやよく分からない様々な虫が来て、毎夜、彼の布団にも入ってくるほどの人懐っこさで交流を求めてきたそうだ。彼は熟睡もできないほどの自然を大いに満喫していた。しかし、東京と大阪しか知らない都会っ子の南場は、虫たちのせいなのか、撒き散らした殺虫剤のせいなのかは分からないが、子どもの頃からの皮膚病が悪化してしまい、ついに九月から国際棟の四階へ移ることとなった。そのような経験があったためか、九月以降、私が次男との一件で眠ることができなかったとき、一番の理解者となってくれたのは南場だった。「熟睡できないってつらいよな。めっちゃよく分かるわ」と、南場は実に親身に私の心配をしてくれたのだ。虫たちのおかげで、南場から共感を得られたわけである。

基本的に独身者しかいない大学生は、世帯棟には住めず、住めるのは単身棟だけだが、大学院生は独身であっても希望すれば世帯棟へ住める。川島さんは、研究と教育実習などで学業が忙しくなるため、南場が国際棟へ移るのとほぼ同じタイミングの八月末に、世帯棟へ引っ越してきたのだ。

皆が我が家に集まって

ありがたいことに、同じ世帯棟へ引っ越してきた川島さんが、次男のために寝かしつけを手伝ってくれるようになった。その際、一つだけ細心の注意を払ったことがある。それは先述したように「誤解を招かないこと」であった。これは、私というより川島さんによからぬダメージを与えることを絶対に避けるためだ。教育者を目指す学生が、周囲から変な誤解を受けてしまうことは当然よくないと、誰もが分かっていた。

しかし、ここからが私のラッキーな点だった。まず私を子どもの頃から知る友人である白井、南場がいたこと。そしてちょうどこの時期に、畑中さんが二回目の研究室移動を行い、私と同じ研究室に移ってきたことである。研究時間がほぼ同じになったため、畑中さんも同じタイミングで毎日来てくれた。

九月末以降、私たちの生活は大きく変わった。長男、次男、私のほかに川島さん、それに加えて畑中さん、白井、南場の七人が我が家に集まり、ほぼ毎日夜を一緒に過ごすことになったのである。我が家の睡眠を維持するためにはこの状態を維持せねばならないと私も必死だった。そのため、私は夕飯を七人分作ることになった。七人分はさすがに多く、つらかったが、以前の睡眠不足問題に比べれば、どうということはなかった。

夕食後、寝室で次男を寝かしつけてくれた川島さんは、畑中さん、白井、南場らと一緒に帰っていく。男女が我が家にやってきて、男女で一緒に帰ってくれれば、変な誤解を生むことはない。また、夕飯代の代わりとして、畑中さんも白井も、果物やアイスなどのデザートを毎回持ってきてくれた。南場は仕事を辞めて大学院へ来ているのでお金はないが、食べ終わった皆の食器を洗ってくれるし、帰りに南場の住む部屋の近くのゴミ置き場へと我が家のゴミを出してくれた。我が家のなかでも、「互助」の図式が上手く出来上がっていたのである。

皆と過ごす一日のスケジュール

次男のおかげで、九月以降、私の一日のスケジュールは大幅に変わった。ここで、改めて私の一日を紹介したい。

まずは、六時一〇分に起床。これは変わらない。自分の洗面や着替えなどを素早く行い、すぐに次男の弁当を作りながら息子たちの朝食の準備をする。六時五〇分、子どもたちが起床。相変わらずニワトリのように、毎朝必ず鳴く(泣く)次男をなだめながら、息子たちの洗面、着替え、朝食の世話をする。長男は近所の子どもたちと七時一五分に登校。次男は七時五〇分に登園なので、七時三〇分から洗濯機をまわす。「朝の七時半から洗濯機をまわすとはけしからん」と思う人がいるかもしれないが、半年経っても、やはりここは大学院生の寮であった。皆、お互いに理解があり、クレームなどは一切ない。次男を幼稚園まで徒歩で送り、八時ごろに幼稚園から帰宅し、洗濯物を干す。食器を洗い、掃除を行った後、大学の食堂へ行き、二〇〇円の朝食を、畑中さん、南場と一緒に食べる。八時四〇分から授業が始まる。二限が終わり、一二時ごろ昼食。昼食は私、畑中さん、南場、白井の四人で食べることが多くなった。三限目がないときは、車で一〇分ほどのところにあるスーパーへ南場や畑中さんと行き、七人分の夕食、明日の子どもたちの朝食、次男のお弁当の食材、トイレットペーパーや洗剤などの日用雑貨を買う。七人分の食材はさすがに重いので、南場と畑中さんにも荷物を持ってもらっていた。戻ると、七人分の夕食の下準備をする。準備が整ったところで、また大学に戻り、大学院や大学の授業を受ける。

一八時になると、次男を幼稚園に迎えに行く。次男の幼稚園の預かりは一八時までなので、私が授業で迎えに行けないときは、南場か畑中さんが迎えに行き、そのまま長男のいる「児童クラブ」へも迎えに行く。私は帰宅して洗濯物を取り込んだ後、二人の息子たち、私、南場、畑中さん、川島さん、白井の七人で温泉に行く。車は、私と畑中さんの二台で分乗する。川島さん以外は男性なので、毎日五、六人が連れだって男湯でワイワイと会話をしながら入浴する。大人同士は研究の話が多かったが、息子たちも幼稚園や学校の話を私たちの誰かに話すのが楽しそうだった。温泉から帰宅後、七人で夕飯を食べ、二二時ごろ子どもたちは就寝。川島さんが次男を寝かしつけてくれる。その後、皆でお茶などを飲みながら談笑。研究の話が多かったが、川島さんは現職の先生である畑中さんに指導方法などを熱心に質問していた。そして深夜〇時、南場、畑中さん、川島さん、白井が帰っていく。私はそれを見送り、就寝する。つまり、朝から晩まで南場と畑中さんとは一緒に過ごしていた。この生活が、結果的に大学院を修了するまで続くことになった。大学院二年目のときは、一年目に比べて授業数が減り、時間のゆとりが出たため、長男を「児童クラブ」に預ける必要はなくなったし、長男が帰宅すれば、南場、畑中さん、私の誰かが我が家にいた。

次男の一件がきっかけとなって、息子たちの保護者が一気に増えた。長男も次男も、家に帰れば多くの大人に囲まれ、「遊び」も「勉強」も「学校の相談」も、「お風呂」も「夕食」も皆で一緒に過ごし、いろいろな話ができる環境になった。結果、長男や次男、特に次男は、誰とでも気さくに話せるようになった。まさに「怪我の功名」である。私と次男との戦いは、我が家にとっては思わぬよい結果をもたらすことになった。

四　幼稚園の次男

次男の「裏切り」

「お父さん、ダメよ。せっかく奥様と離れて一生懸命頑張っているのに。奥様を裏切っちゃ！」

幼稚園の預かり保育のT先生から、次男を迎えに行ったときにいきなりそう言われた。一〇月中旬に入り、新潟はとても過ごしやすい気候で、一八時になれば早くも辺りは暗くなってくるものの、昼は周辺の山々の紅葉も美しく、そのような景色を見て「新潟に来て良かった」と実感している頃であった。そんなふうに新潟で充実した生活を送っていた私が、次男を迎えにいったとたん、いきなりT先生からそう言われたので、はじめは何のことかさっぱり分からなかった。なぜ、私が大阪にいる妻を裏切らなければならないのか？

川島さんが次男のために我が家に来てくれるようになり、それに合わせて畑中さん、南場、白井が毎日来てくれる。そんな生活が九月末以降、当たり前のように続いていた。皆が毎日我が家に集まり、温泉に行き、食卓を囲み、川島さんが次男を寝かしつけてくれている間、男たちはキッチンの四人掛けテーブルで教育学研究の話をする。次男が寝ると、教育実習や研究などで川島さんが畑中さんにアドバイスを求める場面もありつつ、深夜、皆で帰っていく。最高のローテーションが組まれたことで、私の学業も充実していた。四月の頃と大きく変わった点といえば、夕食が毎回七人分であることと、白井が一〇月初旬に最新の人気ゲーム機を長男と次男にあげたので、息子たちが大喜びし、白井をしばらく「白井様」と呼んで奉(まつ)っていたことぐらいであろう。そんな日常を送っていた私だったので、「なんのことですか？」と聞くのは当然だった。

するとT先生は、「女性のことですよ。言っていましたよ。川島さんという女性と、毎日一緒に寝ているって。ダメよ。若い女性を家に入れて一緒に寝るなんて」と、先生というより、厳しい主婦の目で追及してきた。

なるほど、次男は嘘を言っていない。

たしかに、次男は、川島さんと毎日一緒に寝ている。しかし、私は一緒に寝ていない。

たしかに、次男は、川島さんに手をつないでもらい、夢の世界に入る。だから、次男にとっては、朝起きれば、昨夜最後に過ごしたのは、間違いなく川島さんである。

次男は昼間幼稚園でずっと寝ていた九月初旬に比べて、ほかの園児と同じように元気になっていたので、それがなぜかT先生に尋ねられていたのだろう。それで、「川島さんと毎日一緒に寝ているから」と答えたにちがいない。誤解を与えるには十分すぎる要約力と言葉の少なさである。畑中さん、南場、白井がいてくれて本当によかった。

私はT先生に事情を話した。九月以降、なぜ幼稚園でよく寝ていたのか、そして現在、なぜ元気なのか。その環境を作るために、妻が新潟まで来て、一緒に川島さんにお願いしたことや、誤解を生じぬように、畑中さん、南場、白井という男性の友人も毎日一緒にいることも説明した。T先生は、「そういうことか、やっぱりね」という感じで、納得してくれた。次男の情報だけで判断すれば、T先生が心配するのはごくごく普通であるし、さらにいえば、私たちの今の生活はやはり特殊なのかもしれない。本音をいえば、子どもたちが大阪に帰っていた八月のように、私だって夜一人でゆっくりしたいときもある。

とにかく疑いは晴れ、「次男は幼稚園児だから」と自分自身に言い聞かせたものの、大人でこのような誤解を第三者に与えようものなら、とんだ「裏切り」である。まず次男に「誰のせいでこうなったと思とるねん」と強くツッコみたい出来事だった。とはいえ、幼稚園児である罪なき次男の「裏切り」を見て、私はむしろ嬉しくもあり、楽しかった。次男がちゃんと幼稚園でもコミュニケーションをとれている喜びはもちろんだが、教育学を学んで知った「子どもたちに隠し事はできない」という教育学の基本を我が子で確信できた、学問的な楽しさもあった。

近年、子どもの虐待死事件が社会問題となっているが、いかに親が威嚇や威圧をもって、子どもたちに親にとって都合の悪いことを隠させようとしても無駄である。子どもは隠し事などできやしない、というより、隠せない。だから、そのような子どもは、学校やどこかほかの場所で必ずSOSを出しているはずだ。そう考えると、小学生以上の児童虐待死は、そのSOSを社会が見過ごした、と考えてよいのかもしれない。マザー・テレサの「愛の反対は、憎しみではなく無関心」という有名な言葉があるが、教育学を学び、私はこの言葉をより重く受け止めるようになった。

子どもが隠し事をできないことは、教育学を学んだ私も深く理解していた。だから、次男や長男に「川島さんが家に来ているなんてほかの人に言うなよ」といった類の言葉は一切言わなかった。そんなことを言えば余計な誤解を招いてしまうからだ。子どもたちは話すのだ。仮に親が口止めをしても「内緒やで」と前置きして、誰かに喋り、逆効果になるかもしれない。世帯棟に長男と同じ小学校の友人が数名住んでいるが、長男だって誰かに言っているだろう。しかし、長男は状況を理解しているので、次男のように「川島さん限定」ではなく、畑中さん、南場、白井三人を外さないで話しているだろうから、誤解は生まれないと確信している。帰り道、次男の手をつなぎ暗闇を歩きながら、

「明日、一応、幼稚園の先生たちには話しといた方がいいのかな」と私は独り言を言った。暗闇のなか、カラスの鳴き声だけが響いていたので、鳴き声に合わせて言った独り言だ。次男をふと見る。口を開けたまま前を向いて、私と歩いている。何を考えているか分からない、いつもの表情であった。

学友たちへの相談

言葉は全く足りていないものの、聞かれたことに対して正直に答えた次男には当然罪はない。畑中さんにこのことを話すと「我々が毎晩夕飯を食べに行くのは悪いと思っていたが、役立ったわけだ」と笑っていた。畑中さんは冗談で言ったのだろうが、私は本当に助かったと思い、感謝していた。もちろん畑中さん、南場、白井の三人が毎日全員集結するわけではなく、誰かの研究や仕事が忙しいとき、出張などで遠出しているときは来られないこともある。しかし、必ず我が家には誰かがいた。それがとてもありがたいことだったと改めて認識する。

その日の夜、「次男の担任のO先生にも事情を説明した方がいいだろうか？」と皆に相談したところ、全会一致で「説明した方がいい」ということになった。それと同時に、皆は次男のことを「面白い」と称賛し、大笑いしていた。次男は何のことか分かっていないが、褒められていることは分かったようで一緒に笑っていた。特に長男は大爆笑だった。私が「こいつ、シャレにならんわ」と言いつつ困った表情をしていたのが長男の「笑いのツボ」だったようだ。

子どもたちが寝た後、畑中さんは、我々に教師として大切なことを教えてくれた。

①学校の先生は、ある程度、クラスの児童たちの家庭状況は知っているし、知らなければならない。
②児童自ら家庭状況や悩みを言ってくることもあれば、ほかの児童から聞くこともある。
③聞いた内容に問題があるときは、児童を動揺させないためにも、その場では聞き流すふりをするが、ただちに管理職などに相談しなければならない。

しかし、なかには、本当に児童の家庭状況や悩みに関心がなく、ほったらかす先生もいるそうだ。それはそれで「教師失格」らしい。いざとなれば管理職へ速やかに相談する、という意識を常に持つことは、教員の「基本中の基本」なのだそうだ。そうしないと児童たちを守ることができないという。だから、家庭内の状況や、子どもの様子を保護者が伝えるのも、先生にとってはありがたい。事情の説明は恥ではなく、子どもたちのためになるというわけだ。

O先生からの提案

翌日、私はさっそく、九月以降の出来事と現状を、次男の担任であるO先生に相談した。すると「あっ、そうなんですね」というように、素っ気なく、まるで聞き流すような素振りを見せた。どうやら昨日、すでにT先生とO先生で情報共有していたようだ。先述したが、J教育大学附属幼稚園の先生方は、本当に優秀な人たちばかりだった。だから、九月末以降の我が家のいびつな家庭状況もあっさりと理解してくれたようだ。しかも、理解するだけにとどまらず、四月からの次男の幼稚園での活動状況も鑑みて、将来のことまで分析してくれていた。そして、O先生は、次男の幼稚園生活と、私の家庭状況を聞いた上で、WISC-IV（ウィスク・フォー）という検査を受けてみてはどうか、と提案した。

WISC-IVとは、簡単にいえば、知能検査の一つで、どのような特性があるかなどが分かる検査である。例えば、目で見た情報を処理し、または、耳で聞いた情報を処理し、コミュニケーション能力をもって相手に伝えることができるかどうかを考えると、子どもたちに限らず、大人にだってそれぞれに能力差がある。WISC-IVは、その特性をしっかりと理解する上で参考になる検査の一つである。私もちょうど教員免許取得のため、大学の講義で習ったばかりであった。だから当時は、自分の子どもを通じてこの検査を体験するのも興味深そうだと思っていた。

O先生は次男の幼稚園での日常を説明しながら、慎重かつ丁寧に言葉を選び、私に説明した。一通り説明を聞いた私が、「前向きに検討するので進めてください」と答えると、O先生は、「私の息子にも受けさせたんですよ。とても役に立ちました」と安心したような表情で言った。何となく、私に気を遣っているような気もした。なぜ慎重に言葉を選ぶのか、現場の教員経験のない私には、そのときは分からなかった。

「発達障害」について

さて、皆さんは「発達障害」という言葉を聞いたことがあるだろうか。または、「アスペルガー症候群」、「自閉症スペクトラム」、「ＡＤＨＤ（注意欠陥・多動性障害）」などの言葉を聞いたことがあるだろうか。これらを総称したものが「発達障害」と呼ばれる。ＷＩＳＣ－Ⅳは、知能検査であるが、「発達障害」の有無も検査する。近年、発達障害に関する研究が進み、教育現場でも配慮されるようになってきているという。昔であれば、この特性は「注意力散漫」「協調性がない」「落ち着きがない」「問題児」などで片づけられていた。

思えば、私もその一人だった。私の場合、授業中にじっとすることができず、誰かとしゃべり続けるか、または、歩き回るかなどをしていたため、通知表は常に厳しい評価だった。高校に入るまでは、かけ算の九九を平気で間違えるほどの学力だった。現在でも私は、全く興味がない話をされると耳で理解できなくなり、自分が今、何をしているのかも分からなくなるときがある。例えば、この四月に行われた大学院奨学金の説明会であるが、希望者は絶対参加であったため、出席した。自分のお金のことにもかかわらず、心のどこかでは興味がなかったようで、説明会ではちゃんと聞いているはずなのに、途中から全く理解ができなくなった。周囲の大学院生たちは、説明にうなずきながら書類に何かを書き込んでいたが、私は何もできなかった。そして説明会終了後、何度か大学事務室へ通い、事務員に聞きながらやっと申請ができたのだ。まだ特性は引きずっているようだ。

しかし、畑中さんやほかの優秀な先生たちから言わせれば、小学校低学年なんてほとんどの子どもたちが「発達障害」らしい。大人になっていくにつれ「発達障害」の多くは治っていくそうだ。だから「気にすることは全くない」らしかった。「障害」という言葉が悪いのか、「うちの子に限って「障害」などない」と認めない保護者も多いらしい。

余談だが、文字の面では、政府はまだ「障害」という表記を使う場合もあるが、現在、私が新聞社で関わっている

「子ども向け」新聞も含め、教育分野の多くでは、「障害」とは表記しない。「障がい」か「障碍」と書き、「害」という言葉は使わない。「障害」は人によっては「特性」であり、「害」と考えていない人もいるので、全員が「害」と考える必要がないからである。ただし、これは言葉狩りではない。政府が法律などでは「障害」と使っているので、別に使いたい人は使ってもよいと思う。表現方法の多様化である。

そんなこんなで、畑中さんなど数人の教員大学院生に相談したところ、皆、「検査を受けるべき」と答えた。WISC－Ⅳの検査結果などの情報があれば、学校は児童や生徒に配慮しやすい。つまり「次男にとってよい」という。

「発達障害」のもたらす弊害

近年、そんな「発達障害」は、教育現場では身近なものとなった。しかし、発達障害を持つ児童や生徒へ配慮をするためには、必ずその保護者の理解を要することも、難しい問題の一つだ。例えば、先生たちが問題行動を起こす児童や生徒を「発達障害」ではないかと思っても、保護者が理解してそれを認めない以上、学校や先生も児童や生徒に特別な配慮はできない。それはそれで、彼らにとっては不幸なことである。また、逆に、最近はインターネットの発達により、保護者が調べた結果、我が子を「自閉症ではないか?」とか「うちの子はADHDだ」とか勝手に判断するケースも増えているらしい。これも子どもにとっては不幸なことである。「発達障害」はちゃんと検査を受けて、医師によって診断してもらうことが大切だ。自治体によって異なるが、新潟県はWISC－Ⅳという検査を含め、子どもの発達を支援してくれる。

O先生が私に検査を勧めた際、説明が丁寧だったのは、検査を勧められると保護者がショックを受ける可能性があるのを踏まえ、先生が気を遣って話してくれたからだ。せっかくの機会だから、二か月後の一二月、次男が検査を受けられるようになる五歳の誕生日を迎えた後、検査を申し込むことにした。

私に関していえば、後ろ向きな気持ちはさほどなく、大学で学んだ教育学が家庭内でも活かせることや、私を悩ませてきた次男がいったいどのように検査に挑むのかを考え、むしろワクワクしていた。三月に受けた入園試験のときのように、何も喋らない可能性もある。いずれにせよ、入園試験とは違い、検査なので、正しいデータが出るように、素人の私は、次男へのフォローを一切せず、ただ静観することにしよう。この姿勢も教育学を学んだおかげであった。

検査結果と学校の配慮

医師は診断を下すものの、「発達障害」はあくまで子どもの「特性」であって、「病気」ではない。喩えるなら、産婦人科と一緒である。産婦人科に通院する人のなかには治療が必要な人もいるが、出産に関しては、安全な出産を「手伝ってもらう」ために通院するのである。仮に「発達障害」と診断されれば、学校に診断結果を持っていけばよい。だから、畑中さんを含むどの教員大学院生たちも、次男の検査には賛成した。畑中さんたちがいうには、担任先生の能力にもよるが、ちゃんとした先生は、診断結果を持ってきてくれる方が情報が多い分配慮しやすいそうだ。なかには、特段の配慮をせずに自分の指導方法でしか指導できない教員もおり、そういった先生は元々指導力もなく、学級崩壊を起こしやすいそうだ。教員に限らず、どの組織にもそういう人はいるだろう。また、よい情報があったとしても、活用できる者と、面倒くさがって活用しない者の二者がいるそうだ。これもどの組織にもいえることである。特に入学したての一年生の場合は、入学前に情報を得られるため、担任の先生にとってはとても助かるらしい。親の価値観によって左右されがちであるが、学校で過ごすのは我が子たちである。当然、我が子の情報をできるだけ学校に与え、配慮してもらう方が、子どもにとっても学校での居心地がよくなるだろう。

今回、次男が受ける予定のＷＩＳＣ－Ⅳ検査であるが、もしも将来、検査結果を学校へ届け相談したにもかかわらず、何の配慮もしない先生が現れて、結果、次男が登校拒否しようものなら、それこそ怒鳴り込みに行くことも辞さないし、次男に「学校へ行かなくてもよい」と言うだろう。教師である教員大学院生の皆も、そのような場合は、「学校へ通わせる価値はない」と言うぐらいである。自信をもって対処するつもりである。

私の母の拒絶反応

「あの子は普通よ。そんな検査受ける必要ないでしょ」

私の母、つまり長男と次男の祖母は、案の定そう言ってきた。「発達障害」という言葉を聞いて、すぐさま反応した。別に母を責める気はないが、母の言うことを聞く気もなかった。しかし、これが普通の反応だろうし、孫に「発達障害」があると聞けば動揺するだろう。私は新聞社に戻るつもりで進学したので、教師になるために教員免許を取りに来たわけではないが、教員になるための教育学が子育てにも大きく役に立ち始めていることが、まだ一年も経たぬうちに実感できた。ひょっとしたら「発達障害」の検査だって、教育学を学んでいなければ、私も母のように語感だけで判断し、拒絶したかもしれない。

母は、元小学校教員であった叔母にも勝手に相談し、「叔母さんも発達障害ではないと言っていたわよ。検査なんてしなくていいって」と言ってきた。ここまでくればさすがに笑ってしまう。叔母にどのような情報を与え、そう言わせたのかは分からないが、とにかく、私がＷＩＳＣ－Ⅳのことをどれだけ説明しても、母は「必要ない」の考えを変える気はなかった。普段温厚な母が、これほど拒絶反応を見せることは珍しい。まあ、私も普段なら母に話すことすらしないだろうが、今まで孫たちをかわいがってきた母の反応を見てみたかった。「そうか、やはりこれが一般的な反応なのかもしれない」と感じた。次男の担任のO先生が気遣いながら話す理由が、母の反応からよく分かった。「年が明ければすぐに検査を申し込もう」と思った。そうしないと、母がしつこく「必要ない」と言い続けるだろう。

第四章　一年目の冬

雪おこしと豪雪／台湾へのスタディ・ツアー

一　師走の新潟

新潟の天候事情

新潟をまだよく知らない私にとって、師走の新潟といえば、豪雪というイメージだった。しかし新潟生活一年目の冬は、一二月に入って寒くなってきたものの肝心の雪はなかなか降らない。地球温暖化の影響なのかと訝しみ、新潟暮らしの長い白井に聞くと、雪の期間なんて短いと言う。拍子抜けしたついでに気になっていたことも聞いてみた。どうも、新潟に来て、天候を大阪と比べると、曇りがとても多い。スカッとしない天気が秋以降、ずっと続いているような気がしていたのだ。白井は、大学の近くにある、大きな山々が影響しているのだと教えてくれた。日本海で発生した雲が、山々を超えることができず、跳ね返り、雪や雨を降らす、だから天候が悪いのは仕方がないという。

だいぶ昔の話だが、新潟選出の誰もが知るある大物国会議員が、そんな雪害の原因となる山々の峠の部分をダイナマイトで吹き飛ばせと威勢のいい演説をしたそうである。峠にあたる部分を広範囲に爆破して貫通させれば、雲は季節風に乗ってそのまま太平洋側へ抜けていき、新潟の雪害が減るという暴論だ（峠の向こうはどうなるのだろう?・）。豪雪にイライラしていたのだろうが、いくら当時が人間中心の時代であったとはいえ、自然も恐れぬ発想力、さすが昔の政治家は大胆で面白い。ダイナマイトを使っての爆破ぐらいで山を吹き飛ばせるとも思えないが、私だって豪雪や曇り空よりお天気の方が好きだ。結局、山々は爆破されなかったかわりに大きなトンネルが何本も掘られ、今や、東京と新潟は新幹線と高速で結ばれている。

そんなまだ雪の降らない一二月初め、大学のある先生から面白い話を聞いた。この地域はクリスマスの時期、大きな雷が鳴ることがあり、一晩中雷が鳴り続けることもあるという。その現象は、寝ている雪を雷で起こすので「雪おこし」と呼ばれ、そんな雷の夜を迎えると、本格的な冬が到来し、雪が降るそうだ。このネーミングには「センスがあるな」と感じた。しかし本当かどうかは見てみないと分からない。そんな日が来るのが楽しみだった。

恐怖の強風「雪おこし」

その雪おこしは突然やってきた。私たち家族と南場が大阪に帰る日のことだった。クリスマスイブの二日前、子どもたちが二学期の終業式を終えた日である。南場は独身なので、すでに部屋の片付けも荷物の準備も終わり、私の車に積み終えていた。私は終業式後、子どもたちの着替えの荷造りや、部屋の掃除、水まわりの掃除、洗濯などで多忙だった。しかし何とか二〇時頃には出発し、午前二時頃に大阪に着きたい。子どもたちは車内で寝るだけだが、私と南場は交代で車を運転する。体力は残しつつ、しかし、二週間ほど長期の留守をするために、部屋をきれいに片付けなければならない。

家事をする人にはよく分かってもらえると思うが、家族が住む家を一週間以上空けるのは、容易なことではない。まずは、風呂、トイレ、洗面所、台所など水回りの掃除。水は流れ、循環するからきれいなのだ。循環しなければ、水が腐り黒ずんでしまう。それを見通して、排水溝まで掃除しなければならない。塩素系の強力な薬品を使うので、換気しながら行うためにすべての家の窓を全開にする。子どもが午前中に学校を終えて帰ってくるので、それまでに終えておく。まだ雪は積もっていないが、一二月の新潟は、強い冷気が家に入ってくるので寒く、窓を全開で行う掃除は指もかじかみ、結構きつい。

そして意外と気を遣うのは食品系だ。生ゴミは残してはならない。残すと二週間後、惨状となる。ゴミを出す日も二週間ぐらい前から気を遣わねばならない。それに合わせて冷蔵庫内の食べ物を「コントロール」するのは、非常にたいへんだった。冷凍食品は何とでもなるが、冷蔵保存の場合、生ものなどの食料品を二週間も放っておくことはできない。しかも、我が家は毎日七人分なのだから、もし冷蔵庫の食品を腐らせてしまえば、一人暮らし時の七倍の悪臭を放つこととなる。大阪へ出発する三日前ぐらいから意識し、冷蔵庫の中を計算しながら食品を買い、夕飯メニューを考えねばならなかった。

次に荷造りだ。衣服や学校の宿題などの荷造りは、小学二年生の長男には自分でしてもらった。幼稚園の次男は自分で荷造りをするのは無理だが、お気に入りの服はちゃんとあるし、むしろ、それ以外は着ない。ほかのものを着せようとすれば、泣いて嫌がるのである。次男の服装については、次男自身強いこだわりがあるようで、この夏も半袖を着るのを嫌がり、長袖の服を頑なに着続けていた。ただ、六月にあった運動会ではさすがに暑かったのか、長袖を脱ぎ、それ以降、半袖も着るようになった。そんな次男に「これは着る?」と一つ一つ聞き荷造りをしていく。それが二週間分となると、より時間がかかった。

次男の荷造りを終えた夕方一八時ごろ、雷が鳴っていたことに気づく。どうやらそれが雪おこしだったらしい。しかし、そんなことに気づくゆとりなどなかった。「南場、今から大阪帰るのに天気崩れてきたぞ。最悪やな」と片付けを手伝う南場に話しかけたのは覚えている。雪おこしには気づかなかったが、とんでもないことに気づいた。衣類が洗濯されないまま、洗濯機の中に残っていたのだ。これに気づかせてくれたのは次男だ。一緒に荷造りを終えたつもりだったが、次男が「昨日着たお気に入りの服がない」と言い出したのである。聞いた瞬間、洗濯機へ走り、洗濯機のふたを開けた。すると、私と長男の服と一緒に、次男のお気に入りの服が入っていた。すぐに洗濯しなければならない。しかし、乾くのか。おそらくは絶望的だろう。ちなみにこの次男の発言で助かったのは、私だけではない。南場も自分の衣服を洗濯機に入れたままだったことに気づき、あわてて洗濯をしに国際棟の自室に戻った。

乾く気がしないが、とりあえず洗濯をすることにした。出発の時間ギリギリまで外に干して、出発直前、私と長男の洗濯物は部屋干しに切り替えて、次男のお気に入りの洗濯物だけを濡れたまま持って帰ればいい。そして、大阪で再び洗濯すれば、次男が泣くこともない。泣く泣く洗濯機をまわして洗濯し、服を外に干すためベランダに出た瞬間、雪おこしのすごさを実感できた。大気が不安定なのだろう、雷と同時に強烈な風が吹いている。新潟に来てからも見たことのない雷と異常に乾いた激しい風に、初めて「もしかしてこれが「雪おこし」ちゃうか？」と気づいた。

さらに雪おこしのすごさを実感したエピソードがある。一九時に洗濯物を干したのだが、なんと四五分間で全員の衣類が乾いたのだ。乾燥機並、いや、それ以上かもしれない。本当の話だ。一二月の洗濯物は、朝干して夕方取り入れてもまだ湿っている感じが残るのが普通である。まさにクリスマスを前にして、奇跡の一日であった。

洗濯を終え、我が家に戻った南場と「「雪おこし」最高やん」などと話していた二〇時ごろ、私の携帯電話が鳴った。大学からだ。出ると、普段から私たちに気を遣ってくれていた、とても気さくな女性職員の方からだった。

「突然お電話して申し訳ありません。皆さんもう、大阪に帰られましたか？」

普段は明るく落ち着いて話してくれる方だが、少々早口で聞いてきた。

「いや、まだですが、何か提出物で不備でもありましたか？」

「今テレビは近くにありますか？」

「ええ、まだ家なので。どうしましたか？」

「テレビをつけてください」

そう言われて、「白井様」からもらったゲームをテレビにつないで遊んでいる息子たちの前に立ちふさがり、入力を切り替えた。すると、テレビに映っているのは大火事の様子だった。

「……火事ですか」

「ええ、糸魚川で大きな火事があって、現在、高速道路が通行止めだそうです。お子様を連れて帰られるのであれば、別の道を考えられたほうがいいかと思って、連絡しました」

「……ありがとうございます。様子を見て帰阪しようと思います」

「お気をつけて帰ってください。よいお年を」

「よいお年を。お心遣い感謝いたします」

J教育大学の職員は、とても親切な方が多かった。私の場合、子どもを二人育てながら学業をこなしているからかもしれないが、特に女性職員の方々が心配してくれていた。私たちの帰り道にある糸魚川で大火事が起こっているのは、ショックだった。息子たちもニュースの画面に見入っている。電話を切ると同時に、南場と私は顔を見合わせた。我々は竹馬の友なので、顔を合わせれば大体何を考えているか互いに分かる。「どうする？　コースを変えて長野から帰るか」と南場が一応聞いてきた。しかし、長野を通るのであれば、通常よりも二、三時間多くかかるし、大阪へ着くのは午前五時を超えるかもしれない。私も南場もそれは嫌だった。「いや、様子を見て普段通りに帰ろう」と私が言うと、南場も分かった、と即答した。もともとコースを変えるつもりはないことを、南場は分かっていたのである。

それにしても、この大火を起こした原因が雪おこしであるならば、乾燥機感覚で洗濯物が乾き、喜んでいた私たちは、自然の怖さを分かっていない都会っ子だったのだ、と改めて実感した。この乾燥した強風のなか、火事になれば燃え広がるのは必至だ。今日の雪おこしの強風は恵みだけではなく、恐怖の風でもあった。外では未だに雪おこしの雷が鳴り続けている。

結局、南場と私で道路情報を確認しながら、予定より一時間遅い二一時に出発し、高速道路を通ることができた。糸魚川を通り過ぎても、南場と私は一時間ほど無言であった。互いに糸魚川に住む人たちの無事を祈っていた。大阪に帰るのは嬉しいはずなのに、素直に喜べなかった。そんな雪おこしが、新潟へ来て最初の冬体験であった。

二　雪国での生活

年明け、大学院生活の加速

年が明けて新潟に戻ってきたら、私の周りの状況も変わった。まず雪が積もっていた。雪景色となっていたので、子どもたちもテンションが上がっていた。私と南場は、雪道に慣れぬ運転はしばらく怖かった。

もう一つは、今年修士論文を提出する「先輩方」の論文を読むのを頼まれたことだ。「後輩」である私と畑中さんは、彼らの論文をチェックすることを頼まれ、私は校閲（こうえつ）記者のように誤字脱字を確認し、畑中さんは教育内容を読み続けた。「先輩方」は一月上旬に修士論文を提出しなければならない。特に留学生は、いくら日本語で話すのが上手とはいえ、日本語で書く論文は全く別物である。日本人にとっても日本語で論文を書くのはたいへんなのに、留学生のそれは本当にしんどくてつらそうだった。だが「袖振り合うも他生の縁」である。同じ研究室である以上、全力で助けることにした。結果、一月上旬に無事全員提出できたようだ。後は口頭試問が残っているようだが、あれほど上手に日本語を話せるのであれば、大丈夫だろう。来年のこの時期には、我々も同じように修士論文を提出しなければならない。

次男の検査予約

次男は一二月に無事五歳となった。つまり、ＷＩＳＣ－Ⅳの検査を受けることができる。さっそく一月末に予約を入れようとしたが、予約がいっぱいで、三か月後の四月になるらしい。まあ、仕方がない。五月になると私の方が忙しくなってしまう。五月・六月には教育実習が始まるし、修論執筆に向けた研究も必要となり、おそらく最も忙しい時期になるだろう。四月であれば、まだ大丈夫だ。それに、四月であれば、この慣れない雪もなくなっているだろう。

また、三月末は私の後述するスタディ・ツアーのため、台湾にK教授と行く予定がある。四月がちょうどよい。

雪に苦労する私と長男、どこ吹く風の次男

二月になれば、寒さも一番厳しくなり、雪が深く積もる。私たちも、駐車場の雪かきをすることが日課となった。J教育大学は敷地が広く、宿舎敷地内には駐車場もある。宿舎敷地内には雪かき用として、スコップや、工事現場でよく見かける、土を運ぶための車輪が一ついた手押し車などがたくさんあった。夏場は「何のためにこんなにたくさんスコップと手押し車が置いてあるんだ。大学の授業？　それとも、学生寮のイベントで穴でも掘るの？」と訝しんでいたが、雪が積もり、これらの用途が分かると、どれも心強い必須アイテムであった。雪かきは生まれて初めて経験したが、とんでもなくつらい。力仕事である。

駐車場の雪かきは、まず車の上に積もっている雪を車専用の「雪押し棒」で押したり引いたりして、車の上から落とすことから始まる。この「雪押し棒」は、これから雪国に住む予定があり、車を持っている人は必ず買って車の中に常備しておくことをお勧めする。そして、地上の雪かきであるが、駐車場から出るためには車の周りを雪かきしなければならない。これが力仕事だ。雪に慣れている大学院生は、まるで雪と友達であるかのように、新潟の天候と阿吽（あうん）の呼吸で最小限の雪かきだけを行い、上手く車を出し入れしている。しかし、私は新参者の初心者だ。雪と友達になるにはまだお互いを知らなすぎるため、雪をすべて取り除く。しかし次の日、また前日の雪かき前の状態に戻っている。そこで、また雪かきをする。その繰り返しである。

それが毎日続くので、雪に慣れない私は、ガスバーナーや火炎放射器などで雪を融かせないものか、と考える。しかし、仮にお湯や水で雪を溶かしても、雪解け水が凍って氷となり、地面がカッチカチに硬くなって余計に除去できなくなってしまうという。それだけではなく、スリップしやすくなって危ないらしい。つまり、毎日降り積もる雪と根気よく付き合うしかないようだ。冬の間だけとはいえ、これを毎日行うとは、なるほど、雪国の人は本当に我慢強

いものだと思うし、K教授の「春が来ることが本当に嬉しい」という言葉の真意もよく分かる。

新潟での雪の苦悩を、長男も味わっていた。次男の幼稚園は大学敷地内なので、通園に苦労はないのだが、長男は小学校まで普通に歩いて二五分はかかる。雪のない状態で二五分なので、雪の積もった田んぼの側道を通ればさらに時間がかかる。もし大阪で新潟ほどの積雪を記録すれば、間違いなく休校だろう。しかし、新潟の小学生たちは、皆、深い雪のなかをたくましく進み登下校する。一方、たくましさの欠片（かけら）もなく、全く雪に慣れない長男は、学校自体は楽しいので登校拒否にはならなかったが、「雪」と名の付くお菓子も食べなくなるほど、雪が嫌いになった。

そんななか、小学校でスキーの授業があった。長男は運動が好きなので、スキーは楽しむだろうと思いきや、帰宅後「自分には合わない」とつぶやき、ビショビショになったスノーウェアを脱ぎ、乱雑に置いた。スキーに関しては、私はやらないので詳しくはないが、三〇年ほど前、長男と同じ年齢ぐらいの頃に観た映画では、スキーを通じて、出会いあり、楽しみあり、そして豪華な雰囲気のいわゆる「バブリー」なイメージを抱いた。しかし、ビショビショに濡れた長男にそのイメージは全くなかった。また、新潟は日本のスキー発祥の地であり、子どもたちも「マイ・スキー板」を持つのが当たり前らしい。私は長男の授業ではスキー板を買わずレンタルにしたのだが、レンタルで本当によかった、と安堵（あんど）した。ちなみに長男は、現在もスキーに全く興味がないようだ。将来、友人や恋人と一緒にスキーへ行って、私が昔見た「バブリー」な映画のような楽しい展開を経験するか、反対に明治時代に起こった「八甲田山雪中行軍遭難事件」のように、過酷な雪山で生死をさまよう状態となり、スキーのおかげで命拾いをする……なんてことがない限りは、長男はスキーの素晴らしさを実感できないだろう。

我が家に集う大人の話をすれば、私、南場、白井は同じ小学校なので、五年生のときに林間学校でスキーを初めて経験した。結局、私と南場はそれ以来、スキーに興味がない。白井は、たまに職場の同僚とスキーやスノーボードに行くらしい。畑中さんもウインタースポーツには全く興味がない。ちなみに、私、南場、畑中さんは、温泉が大好きという点で一致している。一方、我々から見れば若い川島さんは、スキー場のフリーパスポートまで購入しているという。パスポートといえば、関東にある有名な「夢の国」のものが思い起こされるが、川島さんはストレート・マスターの大学院生たちと毎週のように、土日はスキーやスノーボードに行って、「雪の国」を満喫しているようだ。まさに私が昔観た映画の世界のようだ。「夢の国」も「雪の国」にも興味がない私には、川島さんの「雪の国」の楽しみなど分からないが、私たちも「雪の国」で今シーズン、「雪かき」という「アトラクション」を十二分に味わっている。

その反面、次男に至っては、雪に興味すら示さない。二月に大学院のある授業で、次男の幼稚園に行き、園児たちの観察を行うことになった。観察対象年は年中組、つまり次男の学年だ。観察する園児を一人選び、園児たちの会話や行動などを観察していくという授業であり、私はクラスで最も活発な男の子を選んで観察した。園内の運動場で、四〇センチ以上積もった雪の中を躊躇（ちゅうちょ）なく、どんどん進んで遊んでいる。雪の中で寒くなるが、その園児は全くお構いなしで、雪合戦をしたり雪の中に飛び込んだりして遊び、喉が渇けば雪を食べて楽しむ。ほかの園児たちも雪をお椀に入れ、おままごとのような遊びをしていたり、雪だるまやかまくらのようなものを作ったりと、これぞ雪国の子どもたち、と思わせるような感動的な遊びをしていた。

私の身体も芯まで冷えたところで観察が終わり、遊んでいる園児たちより一足先に校舎へ入るため靴箱に向かっていたとき、ふと教室を見ると、一人ボーっと立っている園児が見えた。まさか、と嫌な予感がしつつ、教室へ近づくと、やはり次男だった。次男は文字がまだ読めないので、本などを読みながら、というわけではない。本当に一人でボーっと教室の真ん中に立っている。たしかに、外で遊ぶ園児のなかに次男の姿を発見できなかったが、それは、私が観察する対象の園児に集中していたためだと思っていた。まさか私の観察実習中、終始、一人だけずっと教室にいるとは考えもしなかった。次男は、窓の外からじっと見ている私には気づいていないし、誰かに気づこうともしないように見えた。仏教のことは詳しく分からないが、次男のあのボーっとした姿は、一般的にいわれる「無我の境地に達している」と言っていいのではないか。私は寒さに震えながら、窓の外から暖かい部屋で一人、ぼんやりと立っている次男を見て、あいつを観察しておけばよかった、とつぶやき、次男に声をかけることなく大学院生たちの部屋へ入った。次男が雪遊びをする姿は、大学院を修了するまでの二年間で一度も見なかった。雪おこしの雷が鳴って雪が起こされようが起こされまいが、次男には結局、全く関係ないようだった。

三　周囲からの学び

明かされた真実

気がつけば次男との睡眠バトルの終焉（しゅうえん）から約半年が経ち、すっかり「平和ボケ」した私は、当たり前のように七人での日常を過ごしていたが、大きな事実を見過ごしていた。それは、次男は女性なら誰でもいいというわけではなくて、川島さんだからよいという事実だ。

その事実は、川島さんが教えてくれた。ある日、私は、次男はいつになれば一人で寝ることができるのだろうかと、何気なく川島さんに尋ねた。その質問を聞いた川島さんは、強い口調でこう返した。「多分、お母さんのところへ戻るまでは無理ですよ。女性の手だから、ではなく、私の手だから寝るのです。最初、一緒に手をつないだときに、彼が抱えるつらさを私は感じていました。私も小さい頃に、母が病気で親戚の家に預けられていたとき、本当に寂しくて、つらかったので、眠れない日々が続きました。だから、彼が手を握ってきたら、彼のつらさを分かっていることを伝えるために、同じ強さで握り返します。それを何度も繰り返してキャッチボールをすると、彼は安心して眠れるんです」。川島さんが年上の私に、こんなに強く言葉を投げかけることは初めてだった。

私は、川島さんの話を聞いて、恥ずかしくなった。私の親として認識の甘さを実感したからだ。次男は、「大好きな母親と離れる」という、次男と同じつらさを経験したことのある川島さんだからこそ、そして、川島さんが次男のつらさに対して適切な配慮をしてくれたからこそ、安心して眠れていたのだ。川島さんは食堂で畑中さんと私の話を聞いて、次男が、川島さんが幼少期に経験したのと同じように、寂しさや不安で毎日眠れずに過ごしていることを察して、手を握ることを志願してくれた。私と妻が次男の寝かしつけをお願いしたとき、「私が毎日面倒見ますよ」と言ってくれたのも、次男のことを考えたゆえであった。決して、女性ならば誰でもいいというわけではなかった。

この半年間、私は次男の気持ちにも、川島さんの配慮にも、気づくことができていなかった。このときばかりは、自分の不甲斐なさが一気に押し寄せてきた。次男と川島さんに対して、本当に申し訳ない気持ちになった。次男は女性なら誰でもいいのか、などと思っていたのは大きな間違いだった。私が次男の手を握っても眠ってくれなかったのは、私が、次男の不安な気持ちを「分かってくれる人」ではなかったからである。我が子のことですら、分からないことだらけだと気づいて、ショックだった。

しかし、私は、とっさに「あの、川島さんは、霊感などは……」と口にしてしまった。川島さんの発言で受けた動揺を見せてはならない、隠さなければならないと思ったのである。川島さんはその瞬間、「ありません」と強く返した。動揺を隠すためにつまらない返しをしたせいで、余計に気まずい空気が流れた。私は、「……あの、本当にありがとうございます。そんなこと、全く気づかなかったもので……」と下を向きながら神妙に答えた。私の横に座る南場と、その南場の向かいに座って南場と話していた畑中さんが、珍しい私の態度を察したようで、会話を止めてこちらを見た。川島さんもこれ以上この話を続けるつもりはなかったようで、お気になさらず、と答えた。南場は「よくやってると思うで。父親の子育てなんて、なかなかできひんよ」ととっさにフォローを入れてくれたが、私は、向かいに座る川島さんの表情をとても見ることができなかった。

教育学は子育てに役に立つと言ったが、我が子が様々な人と接することで、親の私が我が子から学ぶことも多々あった。半年間、彼らの気持ちに気づけなかった不甲斐なさは、新潟に来て一番の衝撃であり、学ぶことができた「真実」でもあった。

三月、とどめの雪、はじめてのスタック

たしか白井は、新潟は大して雪は積もらないと言っていた。しかし、三月初めになって、とどめのドカ雪が降り積もった。私は慣れたつもりで駐車場の雪かきをし、自動車に乗り、前に進んだが、その瞬間、生まれて初めて雪にはまり、前にも後ろにも進まない「スタック」状態になった。まさか初めての「スタック」が自宅の駐車場になるとは。アクセルを踏んでも前に進まず、さすがに焦った。しかし運よく新潟県の小学校教員であるM先生が、私の隣の駐車場で雪かきをしていた。次男との一件に悩んだ際、畑中さんや南場と一緒に助言を仰いだ先生だ。

M先生は段ボールの切れ端を使って、上手にスタックから脱出させてくれた。業者でも呼ぼうかと迷った私だったが、段ボールの切れ端で脱出できるとは、さすが雪国に慣れているだけあって頼もしい限りだった。新潟一年目、結局、私は雪には慣れることができなかった。

南場が学ぶ川島さんの「時間の使い方」

南場はこの頃、未だに研究に悩んでいるようだった。しかし、南場の悩みの根本的な問題点は文章力だけではなく、「時間の使い方」でもあることに本人も気づき始めていた。

学生の頃は時間が余っており、「暇だ」「今日は何をしようかな」と私もよく思っていた。ただし、年を取った現在、学生時代の私を振り返って、時間の使い方が下手だったとは全く思わない。なぜなら、社会人になれば日々の仕事で忙殺され、時間の使い方がもっと下手になるからだ。さらに三五歳を超えると、体力の衰えが加わって、残り時間が減っている事実に反して、時間の使い方がますます下手になっていることを実感する。例えば学生の頃、暇だと感じれば、大学図書館で勉強や読書をする気があった。しかし、社会人になって仕事に忙殺され、急に休みができても、暇だから勉強しようかという気持ちはなかなか持てない。寝るか、ダラダラ過ごすかになりがちだ。私はもちろん、南場もその一人だった。そんな我々よりも一回り若い川島さんは、時間の使い方が、皆々が感心するほど上手かった。

まず彼女に感心する点は、先述したが、大学院の授業に加えて、教員免許取得にも励んでいる点だ。彼女が取得を目指す教員免許は、幼稚園、小学校、中学校、高等学校のすべてである。ゼロから教員免許を一つ取得するのでもたいへんなのに、全部取得するなど神業に近い。またその忙しい学業生活のなかで、冬は学友たちとスキーやスノボへ「パスポート」を利用して毎週のように行っている。

さらに今冬、彼女は自動車の免許を取得するために教習所にも通い始めた。「こんな雪深い冬に教習所に行く意味あるの？」と聞く私に、彼女は「雪深いからこそ行く価値があります。ここでは冬こそ事故が多いから、学ぶ価値があるんです」と答えた。なるほど、理にかなっている。「謝礼を頂いたおかげで、自動車免許を取りに行けるようになりました」と笑いながら言っていたが、自動車教習所に簡単に通えるほどの羽振りがよくなる謝礼は毎月渡してはいない。おそらく彼女は年間計画を立てていたのだろう。しかもお金の使い方も計算して、計画しているようだった。どうやら川島さんは、三年間の大学院生活でかかる費用などをすべて計算し、そこでやることなども、入学前からある程度計算していたようだ。「若いのに偉いな」と、我々も思った。

以前にも少しふれたが、J教育大学の学生たちは、ジャージ姿や、ジャージのズボンにトレーナーなど、男女ともに質素な服装であることが多い。川島さんも例に漏れず、毎日のようにジャージを着ていた。私、畑中さん、南場はジャージを着ることはなく、我々の時代の普段着であるジーンズとシャツを着ていた。私の大学時代の同級生とは異なり、いわゆる「ブランド」ものの服を着ている大学生や大学院生を見たことはほとんどなかったように思われる。周りを気にして服にお金をかける必要がないのは気楽でありがたいかもしれない、と感じた。

南場は、そんな川島さんの行動に特に感心して学んでいたようだ。厳しい指導で有名な先生の研究室へ所属する南場も、次年度の自分の行動計画を立て始めた。南場は大学院に入学した四月のときよりもはるかに落ち着き、何かを掴(つか)み始めているのが私の目からも感じ取れた。そういった学力以外の面でも、「大学院は社会人にとっても、通い学ぶ価値のあるところだ」と南場を見ていて思った。学ぶ上で重要なのは、貪欲さだ。はるか年下からだろうが、子どもからだろうが、賢人は誰からでも学ぶ。南場のそんな姿勢が、幼馴染の私からもよく見え始めていた。

四　台湾でのスタディ・ツアー

フィールド・ワーク先は台湾に決まった

修士論文ではどこかの学校に入って、教育現場から自分のテーマである研究を考えねばならない。それをフィールド・ワークと呼んでいた。そして私の研究分野の一つは国際理解教育であり、海外の学校教育の実際も学びたいと考え、K教授と学校はどこが良いか話し合った。K教授は、「台湾も国際理解教育が進んでいます。ちょうど、台湾の大学に講演に呼ばれておりますので、一緒に行って、スタディ・ツアーを組みましょうか」と提案した。私も台湾に興味があり、迷うことなく同意した。

私たちのスタディ・ツアーとは、海外の学校などに訪問する際、その国の大学と連携し、例えば、日本へ留学していた大学の研究者にお願いし、日本語で現地の教育機関などを案内してもらい、私たちの知りたいことなどを、その国の言語に翻訳してもらい、正しく、かつより深く学ぶことである。

研究で台湾に四泊五日滞在する間、子どもたちを大阪に帰すことにした。幸運なことに、台湾へのスタディ・ツアー中、子どもたちは春休みなので、学校を休ませる必要はなかった。長男は最近、学校でも人間関係が良好なようで、新潟にいても大阪にいてもどちらでもよいという様子だった。一方、次男は幼稚園が休みということに加え、妻に会える帰阪を心から喜んでいるようだった。私は子どもたちを連れて車で大阪に帰り、息子たちを実家に預けた。そして、ゆっくりする暇もなく、翌朝、新聞社へ立ち寄ってそのまま大阪空港へ直行し、成田空港でK教授と合流して、台湾に向かった。

私の大学院における研究内容の一つは、簡単にいえば、「報道する側が教育学的な視点に立ち、記事を制作し、報道することで、どのような効果が出るかを考察する」というものであった。私が新聞社で扱っていた新聞は「子ども向け」であり、ニュースの速報性などが重要ではないところもこの研究と相性がよかった。しかし、この研究にあたっては、もちろん実際に記事を制作する必要がある。久しぶりに記事を書くので、デスクの指示を仰ぎつつ、かつ、教育学的な視点に立つことを常に考えねばならないため、新聞社には電話やメールで何度か打ち合わせしていた。新聞社に立ち寄ったのは、会社のカメラを借りるためだ。立ち寄ったときは土曜日で、しかも午前中だったため、オフィスには若手の記者が一人いただけだった。彼から会社のカメラを借りて、新潟のお土産を置いていき、早々に出ていった。久しぶりに会社へ立ち寄ったので、会社近くのカレー屋に行こうか迷った。新聞社の近くにあり、時間がないときの昼食として上司とよく食べに行くカレー屋で、新潟でも無性に食べたくなるときがある。しかし結局飛行機の時間が迫っていたため、久々に食べる時間すらなかった。日本を離れるというのに、何とも忙しない旅である。

なんとか無事にK教授と成田空港で合流し、飛行機に乗って台湾へ向かう。海外へ行くのは一〇年ぶりであった。妻と新婚旅行でアメリカに行ったとき以来で、子どもができてからは仕事も忙しく、海外に行ける余裕などなかったが、なぜかパスポートだけは小まめに更新していた。私は飛行機に乗るのが好きな方だ。電車よりも飛行機の方が早いのもあるが、単身赴任中は東京と大阪の往復に新幹線ばかり利用しており、電車に飽きたのも理由かもしれない。

日本から見た台湾

ここで、日本と台湾の関係性について整理しておこう。日本が敗戦する一九四五年まで、日本が台湾を統治していた。統治時代、日本は台湾のインフラを整備し、教育にも力を入れた。そのためか、戦後も台湾は日本に好意的な政策を行っており、アジアのなかでも親日国であるといえる。二〇一一年三月一一日に発生した東日本大震災にあたって、台湾はどの国よりも先立って支援を申し出てくれた。これは、日本に住む人なら忘れてはならない有名な話だ。台湾が地震で被災した際、日本が早急な支援をしてくれたからだそうだ。このように義理堅いところも、日本人から好感が持たれるゆえんだろう。そんな台湾に、私はとてもよい印象しかなく、一度行ってみたいと思っていた。今回私が訪問した地域は、嘉義市という、台湾南部にある都市であった。

嘉義市について

皆さんは嘉義市をご存じだろうか。日本が台湾を統治していた時代、「夏の全国高校野球」の前身である「全国中等学校優勝野球大会」の第一七回大会（一九三一年）で、ある日本人指導者のおかげで強豪校となった嘉義農林学校野球部が、甲子園に出場し、準優勝したという逸話がある。このエピソードは、様々な民族の集まる嘉義農林学校野球部の学生たちが、互いに民族や文化の違いを理解して助け合い、励まし合い、強豪校へ成長する実話であり、映画化もされている。高校野球ファンや映画ファンなら、その話で嘉義市の存在を知った人もいるだろう。

ほかにも嘉義市では、八田與一という日本人が知られている。これも日本の統治時代であるが、水利技師であった八田は、烏山頭ダムというダムの建設に尽力した。台湾人のことを常に考え、台湾の農業を飛躍的に発展させた人物として、現在でも銅像が設置され、台湾の教科書でも紹介されている。烏山頭ダムは嘉義市の近く、台南市にある。台湾は、首都の台北市などがある台湾北部や、台中市などがある台湾中部が観光地で有名であるが、嘉義市は台湾南部にある。これらのエピソードの影響もあってか、台湾南部は特に親日家が多い地域といわれている。

その嘉義市へは、台北市より台湾高速鉄道に乗って向かう。この高速鉄道には日本の新幹線の技術が導入されており、車内は新幹線そのものなので、日本国内を旅行している感覚になるほどだ。興味は人それぞれだろうが、私は、日本の鉄道技術が海外で導入されているのが素直に嬉しかったし、一邦人として、海外にいるにもかかわらず、車内でリラックスすることができた。単身赴任中、大阪から東京へ仕事で戻るときの新幹線では、家族と離れる苦痛がありありと感じられたが、台湾で乗ると何とも感慨深い。日本国内では当たり前のように活用している高度な技術を海外で見かけると、こんなにも誇れるものなのか、と感動する。このようなことも修士論文の執筆に使いたい、と考えた。修士論文には、このスタディ・ツアーを通して教育的視点から感じたことについて書くことも決めている。

L先生との出会い

嘉義市に着くと、台湾の国立大学准教授（当時）であるL先生が、我々のスタディ・ツアーを案内してくれた。L先生は台湾人であるが、日本の国立大学で教育学博士号を取得しており、日本語会話はペラペラである上に、読み書きも完璧であった。教育学の博士号を持っているので、当然教育についての専門的分野も完璧に把握しており、あらゆる教育の専門用語を間違いなく通訳してくださり、嘉義市の教育について詳細に、かつ日本人の我々に分かりやすく教えてくださった。

嘉義市に着いた最初の夜、ホテルにチェックインした後、L先生は嘉義市で人気のある鍋料理屋に連れて行ってくれた。そこの鍋屋は、一人一つの鍋が定食のように出てくる、いわゆる「一人鍋」のようなスタイルだった。定食は本当に美味しく、私は全部平らげて、L先生の勧める黒いおこげのせんべいのような食べ物も美味しく食べた。この黒いおこげのような食べ物であるが、「血糕（血餅（けっぺい））」と呼ばれ、豚の血をもち米と混ぜて固めた食べ物で、台湾の家庭料理の一つであった。血糕は私の口には合ったようで、何のためらいもなく美味しく食べることができた。

そんな私をL先生は気に入ってくださったのか、その後、嘉義市で有名な屋台村へ連れて行ってくださり、ニワトリの足を煮込んだものなどを食べさせてくれた。甘辛く味付けされたニワトリの足がそのまま煮込まれており、ラーゲンたっぷりで美味しかった。見た目が気にならない読者にはお勧めしたい。しかし、私は一人鍋定食ですでにお腹いっぱいだったので、五、六本しか食べることができなかった。正確には、L先生は一人あたり三、四本ずつのニワトリの足を買ってくれたのだが、K教授はより満腹だったらしく、最初、自分の分を私に全部くれようとした。私も満腹のなかK教授の分を全部食べるのは嫌だったので、K教授に一、二本返し、また返され、そんな押し問答をL先生に気づかれぬようこっそり行うこと数回、結局、K教授が二本を食べ、残りの五、六本を私が食べることになったのである。Ｋ教授のおかげとはいえ、屋台村のなかをニワトリの足を五、六本も持って食べながら歩く私の姿は、地元の人からしてもよっぽどニワトリの足が好きな「通」の人に見えたにちがいない。とても数時間前に初めて台湾を訪れた初心者には見えなかったらしく、数人が中国語で私に話しかけてきたほどだ。しかし、見た目はそうであれ、私はあくまで台湾初心者である。食べ終わったニワトリの足を捨てる場所すら分からず、ニワトリの足に塗られたたれによってべとべとになった手を洗う場所も探しながら、屋台村をさまよい歩くことになった。

「スタディ・ツアー」と聞けば、大学生の授業の一環での旅行を連想させ、一聴するといささか広く浅く学ぶようなプログラムに聞こえるかもしれないが、実際には、国内はもちろん、海外の研究者とつながりを持つ機会になり、現地で深い文化交流を行って専門性を共有した上で、より学びを深められる、研究者にとっては非常にありがたいツアーなのである。

台湾の教育事情

今回の嘉義市スタディ・ツアーでは、私が希望した通り、嘉義市内の小学校二校と、高校一校の見学ができた。小学校は一つが国立の小学校で、公立小に比べてレベルが高いのは日本と同じである。もう一つは、普通の公立小学校である。高校の方は、有名な進学校ではなく、大学進学、就職など様々な進路を生徒たちが選択する、ごく普通の公立高校であった。日本も一緒であるが、国立などレベルの高い学校の多くは、研究指定された学校として高度で最新の教育理論を実践している、いわゆる「ショーウィンドウ学校」である。最新の教育を取材する場合、そのような取材対象校のみを訪問すればよいが、今回は研究も兼ねている。普通の公立学校の様子も見て、より見識を深めた上で考察し、新聞記事にしたい。

先に結論からいえば、私が訪台した二〇一七年時点では、台湾、少なくとも嘉義市では、日本の学校教育よりもはるかにレベルが高い教育実践が多々見られた。二人の子どもを持つ保護者としても、嘉義市の小学校へ入学させたいと思ったぐらいだ。しかも、普通の公立小学校の方に、である。

日本の統治時代、同化政策という批判はあるが、日本が台湾に近代的な義務教育制度を導入したのは歴史的事実である。一方で、現在、その日本の教育の方が台湾より先進的で充実していると考えるのは、台湾の教育者にたいへん失礼であろう。しかし、恥ずかしながら、私も台湾に行くまではそのように考えていた。しかし実際に教育現場を見学してみると、台湾の教育の方がはるかに進んでいるように思えた。

国立小学校で見学した音楽の授業

ここからは、実際に私が見た学校の様子について述べる。まず、一校目の国立小学校であるが、期待以上のレベルの高さに圧倒された。私は六年生の音楽の授業を見学したが、タブレットなどのＩＣＴ機器を使って授業を行い、授業の進行は児童たちが進めていく。女性教師は、最初と最後に話す程度だ。主に司会役の二名の児童が授業を進行させていくが、見事である。進行や場を仕切ることに慣れている様子だ。

ひとくちに音楽の授業といっても、内容が面白い。先でも少し触れたが、台湾では日本の影響もあって、現在でも野球が人気である。児童たちは、ＷＢＣ（ワールド・ベースボール・クラシック）で出場した国に関心を持ったようで、日本、韓国、イスラエル、キューバの四か国をクラスで四グループに分け、それぞれの国について調べ、発表する。そして、各国の音楽を聴き、それぞれが持つ独特なテンポやリズムを感じ取って発表し、皆で共有する。日本での音楽の授業とは大きく異なるが、感性を高めるには効果的に見える。ちなみに、この授業で紹介された日本の曲は「さくらさくら」だった。児童たちからは、「ゆっくりとしたテンポが心地よい」「中国の宮廷音楽に似ている」「言葉で表すのが難しかった。リズムの意図をとらえようとしたけど、「中身」がどこかに隠れているようだ」などという意見が出た。なるほど、鋭いところを突いている。「さくらさくら」の曲を聴くだけで、まるで日本の雅楽を聴いたような意見が出てくる。彼らが雅楽を聴いたら、もっと面白い意見が出てきそうだ。

音楽教育の想い出

二〇一七年から見ても二五年以上前の話で恐縮であるが、私が小学校で受けた音楽教育は、姉のついでにピアノを幼少期より習っていた私ですら、音楽嫌いにさせられるには十分な内容だった。特に私の小学校では、当時、音楽教育に力を入れていたのかは分からないが、「熱心すぎる」を超えて「度が過ぎる」レベルの授業が展開されていた。例えば、合唱のときは、「声が小さい」「やる気があるのか」など、音大出身の教諭から怒鳴られながら歌わせられたものだ。自らの意志で歌ったことなどなかったように思える。まるで家畜のように怒られ、叩かれるのが怖くて、無理やり声を出していた。器楽でも、演奏を間違うと、木琴か何かのバチで殴られて「お前は外れていろ」と言われ、演奏への参加すらできず、端っこで皆の演奏を見ていることになる。それだけでとても惨めだが、その上授業終わりに呼び出され、また怒られることになる。

現在このような教育をすれば日本でも大問題であるが、当時はそんな感じだった。そのせいか、自分の好きな歌を好きなように歌えるカラオケと、小学校で習った「音楽」は全く別物だと今でも認識している。「学校の授業で習ったことは日常生活とは別物だ」と思わせる授業など、教育ではない。日常生活に使えない、または使いたくなるような悪い思い出を、児童や生徒に植え付けてまで身に付ける歌唱力や楽器演奏の技術など必要ないのだ。その点、この嘉義での音楽の授業は、音楽をきっかけに各国の理解や興味を得ることができ、深い学びにつながるだろう。

「教科横断」とは

今回見学した授業は、「教科横断」といわれる授業方法で、日本も二〇二〇年度から学習指導要領に基づき始まっているが、二〇一七年時点の台湾では、すでにその授業手法が導入されていた。教科横断とは、簡単にいえば、一教科の枠に縛られることなく、様々な教科の内容を一回の授業で進めていくことだ。今回の嘉義市の国立小学校の授業でいえば、メインの内容は音楽科であるが、各国を調べるのは社会科の内容である。そこに、先述の国際理解教育なども入ってくる。例えば、教員が「では、今から算数をしましょう」と言えば、児童たちは算数のこと以外考えなくなるだろうし、算数嫌いの児童にとっては、それを聞いたときから苦痛な時間となるだろう。教科横断は、そんな風に一つの教科や単元に縛られることなく、様々な教科をつないで視野を広げながら、学ぶことができるしくみである。本来の学びとは、そのようなものではないだろうか。しかし、教科横断を上手く毎回行うためには、カリキュラムの全面的な見直しとすり合わせが必要になる上に、教師側にも相当な知識や技術を要求される。世界中の教師のなかでも、最も業務量が多く、多忙といわれている日本の教師たちに、このようなことができるゆとりがあるだろうか。

台湾で教員になるには

日台間で比較すると、教員になるために必要となるステップも異なる。日本で教員になるのは比較的に簡単だといえよう。大学で教員免許に必要な単位と、2～4週間の教育実習を経験すれば、教員免許を取得できる。あとは各都道府県の教員採用試験に受かればよい。しかし、台湾で教員になるためには、大学で必要な単位取得以外にも、半年以上教育実習を行い、大学の先生などより「教員になってもよい」というお墨付きを貰い、初めて教員資格の試験を受けられる。教員資格認証試験に合格すると、教員になる資格を与えられる。つまり、教師になるための個人の資質も、大学で判断されるのである。いくら学業の成績がよくても、社会性に欠けている、コミュニケーション能力が低い、授業の技術が低い、パワハラやセクハラの可能性があるなど、教育者に向かない資質がある場合は、日本でいう教員免許を与えられないのだ。

日本のシステムは、自動車学校に喩えることができそうだ。教職課程で必要な単位を取得さえすれば「先生になる権利（＝車を運転する権利）」を与えられる。あとは、それぞれの種類の免許をもとに各社で採用されれば、誰でも教育のプロ（＝車を運転するプロ）になれる。あおり運転、危険運転、飲酒運転など、ドライバーに不適格な資質の見極めが各社の社員教育に委ねられるのと同様、資質の見極めは教育現場の側に委ねられる。一方、台湾の場合は、教員になるのはＦ１レーサーのようなプロドライバーになるのに近いといえるのではないだろうか。免許を持っているのは当たり前で、運転技術が重要である。また、一流のレーサーには、ドライバー同士はもちろん、整備などをするチームの仲間との協調性、コミュニケーション能力などの資質も求められる。そうしないとレースに出ることはできない。

このように、台湾では教員になるためのハードルが高いため、教員は誰もが憧れる職業の一つとなっている。フィンランドやデンマークなど、教育で有名な北欧諸国でも似たシステムがみられる。なるほど、嘉義市の先生たちは皆、いい意味で自分自身に自信があるような雰囲気をもっていた。それにも納得だ。だからといって、台湾も北欧諸国も教員の給料が飛びぬけて高いというわけではない。教員とは、収入の善し悪しではなく、教育者としての誇りがあってこそ成り立つ「聖職」なのである。これは世界共通であろう。

嘉義市の教育理論

嘉義市は、日本の教育理論を積極的に導入していると聞いていたし、日本でもそのような内容の関連論文を数本読んでいた。また、台湾は、日本や中国、韓国と同様学歴社会で、大学入試も熾烈(しれつ)であると聞いており、やはり日本と同様、学力向上のための教育が主であると認識していた。しかし、それらの情報は古かったようだ。台湾は日本よりも少子化が進んでおり、大学も全入時代を日本より早く経験していたこともあって、学歴社会ではあるものの、現在は、小中高ともに生徒のスキルを上げることを大事にしている。また、日本で読んだ論文からは、「台湾では日本の著名な教授たちの理論を積極的に取り入れ実践している」というニュアンスが読み取れた。しかしこれは、正解である一方で、不正解でもあった。台湾の教育者たちは、日本に限らず、世界中の教育理論を常に研究している。国立大学附属小学校を見学した夜、私やＫ教授は歓迎会に招待いただき、日本でいう、とてもあたたかい「おもてなし」を受けたのだが、大学教授、校長先生など、そこにおられた誰もが、世界中の大学へ留学し研究した後、博士号を取得していた。「三人寄れば文殊の知恵」ではないが、世界中の大学で博士号を取得している賢者たちが集まれば、日本の教育理論だけに固執する必要はないだろう。世界中の教育理論をもとに、嘉義市に限らず、台湾の教育実践をどうするかを熱心に議論しており、単なる食事会にとどまらず、情報共有と勉強の場になっていた。

　また、台湾では、教員に大きな権限が与えられているようだ。それは翌日、見学へ行った公立の小学校で知った。

嘉義市の公立小学校

　先述の通り、私が息子たちを入学させたいと思ったのは、国立大学附属小学校の方ではなく、台湾滞在三日目に見学した公立の小学校の方であった。前日、我々の歓迎会にも来ておられた女性が校長先生を務める学校である。

　この小学校は、日本の公立小学校と状況がよく似ている。まず、七人に一人の児童が貧困の状態にあるそうだ。これは日本とほぼ同じ割合になる。しかし、その対応には違いがあった。午前中に学校内を見学すると、各教室の外に豆のおかゆが置いてあった。家庭事情から朝ご飯を食べられない児童のために用意しており、自由に食べられるように毎朝置いているらしい。果たして日本でこの対応はできるだろうか。

　子どもにとって朝食が大切であることは、日本でも周知の事実である。しかし実際、このような食べ物を学校に置いていれば、食品衛生などの観点から「責任の所在」が問題となるだろう。子どもに朝食を与えない一方で、学校の食品衛生には口を出す親たちの存在が懸念されるだろうし、その懸念に対して行政が消極的な対応をとる可能性も十分考えられる。本来、子どもが主役であるはずの教育だが、日本では子ども以外の存在が主役となってしまうケースが多々見られる。大事なのは、子どもたちが朝食を食べるか食べないかではなく、朝食が欲しいときに食べられる環境を大人たちが作ることである。嘉義市の小学校ではその環境が作られていた。

　台湾の小学校では給食もある。お昼に給食をご馳走になった。嘉義市に着いた日に食べた、もち米を豚の血で固めた血糕が給食にも出た。給食で出るということは、栄養があるのだろう。また、午前中教室の前にあった豆のおかゆも食べさせてもらった。見た目は小さなうぐいす豆のようだが、味は冷えたぜんざいに似ていてほんのり甘く、これもおいしかった。

給食が終わって昼休みになると、児童たちが図書室でクイズ大会を行っていた。上級生が電子黒板にパソコンをつなぎ、下級生に上級生たちが作った嘉義市に関係するクイズを出題している。参加者は、用紙に答えを記入し、名前とクラスを書き、投票箱のようなものに紙を入れる。このクイズは毎月行われており、成績優秀者は抽選で文具などの賞品を学校から与えられるそうだ。だから下級生たちは一生懸命解答用紙に記入している。

日本では昼休みが終われば、清掃指導という名目で掃除をし、その後、授業に入るのが一般的だが、嘉義市の小学校は違った。「午睡」と呼ばれる三〇分ほどの昼寝の時間が与えられる。その間、私語は禁止で、校舎内は静まり返っている。教室を覗くと、机の上に顔を乗せて多くの児童たちが寝ている。読書をする児童もいるし、なかには、先生と静かに話している児童もいる。午睡の時間は、悩みなどがある児童が担任の先生に相談する時間でもあるそうだ。私の場合、小学校時代、学校で「午睡」をした日には怒られ、叩かれ、立たされるまでがセットだったが、本来、子どもにとって、昼寝は大事なのではないだろうか。

静寂に包まれた校内を歩くと、廊下にも様々な工夫がしてあった。校内で観察された鳥や虫をまとめた資料がクルクルと回る木製の丸太に印刷され、廊下の両端に並んで置かれている。また、世界地図が描かれた壁面の上には、時計が五、六個置いてあり、「東京」「ロンドン」「ニューヨーク」などと書かれている。時差時計だ。これらはすべて教師たちの手作りであった。また、校舎の中庭には、果実の木が植えられており、下級生の児童たちが果実を収穫し、上級生が収穫した果実でジャムを作り、保護者や一般に販売するそうだ。これらの作業は授業の一環で行われ、ジャムは大人気ですぐに完売するらしい。ジャムの売り上げは、給食費が払えない児童の補助に充てられ、家庭への負担を減らしている。

海外での良い取り組みを見ながら「日本の教員にはこのような気概がない」「日本の学校の管理職は、このようなことができないのか?」などということは、誰にでも言える。それでは、日本の教員が悪いのか。そうではない。ではなぜ、できないのか?　それを考えてみると、先に触れた通り、日本では「責任の所在」が重要で、しかもそれは不明瞭で、ゆえに宙ぶらりんとなり、結果、現場では何もできないという構造ができてしまっているが、これは学校だけの問題ではない。政治や行政の構造に組み込まれすぎた「事なかれ主義」を基盤とする日本のシステムの問題だと思われる。

台湾だって、問題がないわけではないらしい。公立小学校の予算権限は校長先生にあり、地域の企業などからの寄付金も校長先生が集めるという。つまり、予算は校長先生の力量次第となり、結果、「学校間」での格差を生むのである。私の見学した小学校の校長は優秀だったが、優秀な校長先生でなければ、学校の予算は不足してしまう。

日本でも、予算の問題はすでに起きている。その最たる例が国立大学だ。国立大学は国の政策により、もらえる予算が毎年減らされている。特に科学の分野では、基礎研究などに充てる研究費が少なくなっているため、ノーベル賞受賞者や著名な科学者がこの傾向を危惧して警鐘を鳴らしている。「お金は出さないが、優秀な科学者は育てろ」というのは無理難題であることは間違いない。よりよい教育をするには、基本的にはお金がかかるものなのだ。家庭内でも、「教育にあまりお金はかけたくないが、自分の子どもは優秀に育ってほしい」と望む親は多くいると思うし、当たり前のことだ。しかし、現実的には難しい。

東京大学や京都大学など日本のトップレベルの大学に通う学生たちの多くは、一般的な家庭と比べ教育費にかなりお金を使っている裕福な家庭が多い。日本では、大学のレベルが上がるほど、大学生の保護者の年収が一般世帯より高くなる傾向があるのも事実だ。ただし、子どもにお金を使っていい教育を与え、学歴を与えたからといって素晴らしい人材が育つとも限らない。「家貧しくて、孝子あらわる」という言葉もあるし、実際そういうケースも少なくはない。

裕福で過干渉なぐらい教育に熱心な親が子どもに高度な教育を与え、いい大学に入れたのに子離れできず、結果、親子が仲たがいをして疎遠(そえん)になるケースを見てきた。中学受験塾で算数講師をしていた頃、多くの親は、子どもを上手に育てていたように見えるが、なかには、親が主体となってしまい、教育熱心を超えて、熱のこもりすぎている親もいた。子どもが主役から外されたとき、「自分は誰のためにこんなに勉強をしているのか？」という苦悶(くもん)に陥(おちい)るものである。そうなると親の気持ちとは裏腹に、学問をする本来の意義を失い、勉強に対する意欲をなくしてしまうことも起こりうる。ただし、それがいつかは分からない。小学校や中学校のときであることもあれば、高校かもしれないし、時には大学のときもある。まるで、「糸が切れたように」やる気がなくなっている生徒を昔、何人か見たことがある。そのような子どもは頭はいいのに、勉強するとき、知識の「吸収力」がほかの子どもに比べてよくない。

どの国にも教育格差はある。しかし、私が見学した台湾の公立学校は、少なくとも主役は子どもたちであった。今いる児童たちをどのように育てていくのか、学校が積極的に関わり、一生懸命試行錯誤していた点が、息子たちを入学させたくなった一番の動機である。

研究と取材両方を兼ねたこのスタディ・ツアーは、海外の教育現場の取材を通じて、日本の制度における問題点を私に感じ取らせた。今まで新聞社でしていた仕事を教育学というフィルターを通じて改めて見つめ直すきっかけとなり、「何を伝えるべきか」考えさせる旅であった。

第五章　二年目の春

次男の検査と私の教育実習と共同研究

一　ＷＩＳＣ－Ⅳ検査

次男の検査とその結果

「自閉症スペクトラム」と「ＡＤＨＤ」傾向。唐突だが、これが次男の検査結果だった。新潟県からもらった「わたしのきろく」というタイトルのファイルには、「聞いて考える問題で姿勢を崩し、分からない様子で、何度か聞かせると答えられる」と書かれていた。これを最初読んだとき、答えられるだけで立派じゃないか、と次男の成長に感動した。幼稚園の入園試験では、大人の質問に一切答えなかったのだから。

昨年入学したときは雪などなかったのに、新潟へ来て二年目の四月は、まだ雪が融けず、しっかりと積もっていた。そんななか、次男のＷＩＳＣ－Ⅳ検査は行われた。幼稚園も年長組に進級し、担任もＯ先生から男性の先生に変わった。この新しい担任も実に素晴らしい先生であった。ＷＩＳＣ－Ⅳ検査は幼稚園の先生にも立ち合ってもらう必要があったが、先生は多忙にもかかわらず、嫌な顔一つせず快く引き受けてくれた。検査当日、私と次男は、幼稚園から車で一〇分程度の場所にあるこども発達支援センターへ向かった。到着すると、すでに次男の担任の先生がいた。

検査が始まった。検査の様子は親の私も見ることはできない。次男の側にいるのも厳禁である。知らない大人と次男が検査室の中で、一対一で話すそうだ。つまり、次男にとっては幼稚園入試のときよりも過酷な環境のはずだし、私は次男にそんなことができるわけない、と心配に思っていた。しかし、後から聞けば、泣かずに普通に質問に答えていたそうだ。それを聞いて感動した私は、もはや検査結果など、どうでもよくなっていた。一年ほど前、入園試験で完全黙秘を貫いていた次男が、大人を警戒しなくなっている。毎日大人たちに囲まれているからだろうか、それとも、幼稚園のおかげだろうか。あの次男が、問題なく検査に応じられるとは。検査の内容がどのようなものであったか詳細は分からないが、それだけで大したものだ。次男が泣かずに検査の部屋から出てきたのを見て、私はトイレでこっそり泣いてしまった。成長を通じて感動をくれた次男に感謝したい。

診断結果は先述の通りで、やはり次男は発達障害であった。しかし、ショックを受けたというよりは、むしろ安堵（あんど）したのを覚えている。あとは、大阪に帰った際、検査結果を次男が入学する予定の小学校へ持って行けばよい。どのような対応をとってくれるのか、むしろ楽しみでもあった。教育学を学んだおかげで、私はすでに検査方法などを理解しているし、検査結果もある程度推察できていた。それだけでもわざわざ新潟に来た甲斐があった。子どもを持ちながら教育学を学ぶ経験はなかなかできるものではないし、教育学は仕事にも子育てにも役に立つ。一石二鳥であった。

二　大忙しの教育実習

最も多忙な二ヶ月

昨年予想した通り、二年目の五月・六月は、新潟へ来て一番忙しかった。教員免許取得のため、中学校へ教育実習に行かねばならず、教育実習期間の二週間は実習先の学校で過ごさなければならなかった。当然、その間は息子たちの面倒をみることはできない。そこで、妻の両親が来てくれて、子どもたちの面倒をみてくれることになり、おかげで私も教育実習に専念することができた。

　読者のみなさんは、教育実習について、どのようなイメージを持っているだろうか。実習前、私はかなり軽く考えていたのだが、実際の教育実習はそんな生半可なものではなかった。想定外だったことの一例を挙げれば、とにかく拘束時間が長い。後述するが、朝から晩まで息つく暇もなく取り組むべきことが山積していた。

　私の家庭状況を考慮してくれてのことだろうか、私は大学から最も近い公立中学校へ行くことになった。大学側は教育実習先の学校に私の情報を伝えていたようで、先生たちの間ではすでに「新聞社の人間」が来ることが話題になっていたらしい。私が関わる学年は中学三年生だった。実習先では、先生だけではなく、生徒たちの間にも新聞社の人間であることが知れ渡っていた。まあ、気にしない。どうせ遅かれ早かれ分かることだ。担当する教科は社会科で、本来三年生に教えるのは公民の授業のはずだが、歴史の単元がまだ終わっておらず、しかも、「第二次世界大戦」というなかなか難しいテーマの単元が残っていたため、それを授業することになった。

教育実習先での一日

　新聞社に入社する前、私は塾の講師をしていたし、新聞社に入社してからも出前授業といって、学校で新聞についての授業を多く行っていた。そのため、生徒の前で授業をすることには慣れていた。そもそも塾というところは、勉強だけを教えればよい。つまり、学習指導の技術だけを磨けばよいのだ。

　しかし、中学校は違った。学習指導以外にも部活、給食、清掃、生活など様々な「指導」をしなければならない。もちろん、私にとってもこれらの指導をするのは初めての経験で、本当にたいへんだった。私の指導を担当してくれる先生は、三年を担任しているため生徒たちの進路指導も加わり、さらにたいへんそうだった。私の指導担当の先生は、野球部の顧問でもあった。そのため、私は理科部の部活指導をすることになっていたのだが、同時に野球部も手伝うことになった。朝七時半から野球部の朝練習があるので、七時には学校に行き、朝練習を手伝った。それが終わるとすぐに職員会議で職員室へ急ぐ。そしてクラスへ行き、朝のホームルームに参加する。そして授業が始まる。

教育実習先の中学校では毎日、生徒が朝のホームルーム終了後、自分の悩みや思いなどを書いたノートを提出する。担任はクラス全員分のノートを読み、コメントを記入して、終礼のホームルーム時に返却する。それを教育実習生の私が担当することになったのだが、これもたいへんだった。昼休みまでにクラス全員分のノートを読み、コメントを書いて生徒たちに返却せねばならない。生徒が頑張ってノートを書いている以上、いい加減な返信はできない。

そして、授業が終わり放課後になれば、職員会議が始まる。会議終了後、すぐに部活の指導に入る。私は理科部なので、生徒たちと一緒に理科の観察を行った。顧問の先生は俳優の中村敦夫に似ていて、雰囲気も穏やかで、いつも笑顔で生徒たちの実験を眺めていた。生徒たちと理科実験や校内の植物観察をするのは本当に楽しかった。

部活が終わった後は下校指導というのがあり、生徒を一八時までに下校させなければならなかった。学校から生徒を一八時までに全員追い出す。生徒が誰もいなくなった一八時過ぎから、教育実習観察記録などの書類をみっちり手書きで記入し、指導担当の先生に提出してサインをもらう。その後、授業準備のため、学習指導案の作成に入る。

私の指導担当の先生は、とても丁寧に教えてくれた。本音を言えば、こんな激務のなか、教育実習生の受け入れなどできれば避けたいだろう。余計な仕事が増えるからだ。しかも、確実に自分の後輩になるならともかく、教員になるのかならないのかも分からない、教員試験をこれからひかえる教育実習生たちを指導するのだ。いわんや、三七歳の、教員になる予定のない新聞社員の指導など、変な気まで遣わせてしまうだろう。しかし、先生は多忙ななか、全く嫌な顔を見せず二週間しっかりと指導してくれた。本当にいい先生であった。

「働き方改革関連法」が二〇一九年四月から順次施行され、今や「働き方改革」というキーワードはすっかり社会に定着した。今でも教育現場での労働環境の是正(ぜせい)は大きな課題となっているが、少なくとも二〇一七年、学校の先生はこんなにも働いていたのだ。私も指導担当の先生も、毎日帰るのは二二時を超えていた。とはいえ、私たちは学校内でも遅くまで残っていた部類であり、私が帰る頃、ほかの教育実習生はすでに帰っていた。明かりの消えた暗闇の校舎を一人歩き、実習生が待機するための教室へと向かう。当然、恐怖などはない。あるのは疲れだけだ。むしろ疲れが吹っ飛ぶぐらいのサプライズな「学校の怪談」を経験したいぐらいだったが、そのような「学校の怪談」は起こらず、目の前にあるのは、疲れた私が苦しみながら昇降する「学校の階段」だけだった。

一日はまだ終わらない

学校から出てもまっすぐ家には帰れない。私はそのまま大学院の研究室に向かい、教育実習期間だからといって止めるわけにもいかない自分の教育学研究を進めていた。もちろんそれと並行して、二週目に行う第二次世界大戦の四回分の授業資料を作らなければならない。作業を続けるうちに、気がつけば朝四時ぐらいになっていた。そこでやっと家に帰り、シャワーを浴び、着替えて二時間ほど眠った後、再び七時までに学校へ行き、野球部の朝練習を手伝った。これの繰り返しだった。新聞社の仕事がハードだったので激務には慣れてはいたが、学校の先生もかなりきつい。義父や義母の協力がなければ、これに加えて子どもの面倒をみることなど到底できなかっただろう。

そんな生活のなかで、貴重な経験もできた。朝四時過ぎ、研究室から自宅へ戻る道の途中、動物が横切った。最初は猫かと思ったが、しっぽが立派すぎる。よく見ると、なんとキツネだった。キツネはこちらを数秒見た後、飛び跳ねて茂みに入っていった。野生のキツネを見たのは生まれて初めてで、しかも勉強不足な私は北海道にしか生息していないと思いこんでいた。いきなり現れてきれいな尻尾を見せびらかすかのように飛び跳ねていったキツネの姿はあまりに美しく、疲れきっていた私に大きな感動を与えてくれた。その後もキツネとは明け方二、三度出会ったのだが、見かけると互いに顔見知りのように、目を合わした後、軽く会釈し、それぞれ茂みへ、家へと入っていった。

また、一度だけ、不覚にも研究室で爆睡してしまったときがある。それは中学校のプール清掃を行った日のことだ。中学校のプールは広い上に、一年分の汚れがあるから掃除がたいへんで、重労働であり、思った以上に疲れてしまった。さすがにその日は、疲労から研究室の椅子に座りながら三時間ほど眠ってしまい、朝七時半に目を覚ました。

「しまった。野球部の朝練習に間に合わない。寝過ごした」と焦ったが、幸いその日は土曜日で、教育実習は休みだった。曜日感覚がなくなっていたのだ。しかも実習が終わって学校から研究室へ直行していたので、身体にプールの藻の匂いというか、ヘドロっぽい匂いが染みついているのが自分でも分かる。学校では時間割のおかげか曜日感覚があり、その日が金曜日だと分かっていた。しかし、学校から離れると気が抜けてしまう。疲れから一度眠ると、土曜日なのに「学校がある」という意識が頭を強く駆けめぐり、焦って飛び起きてしまった。こんな生活をしていると肉体的にも精神的にもよくない。教育実習は二週間と短期間であるゆえに持ちこたえたが、現場の現実と先生方のたいへんさを垣間見る貴重な時間となった。

記憶の仕方に気づく

さて、私は今回の教育実習を通じて、改めて（教員に向かないかもしれない）自分の資質に気づいた。それは、人の名前と顔を覚えられないことだ。顔は覚えたとしても名前が出てこない。塾で教えていた頃も、クラスの生徒の名前と顔をすべて一致させるまで時間がかかった。今回もそれが不安だったのだが、やはり覚えきることはできなかった。不甲斐ないし、生徒の皆さんに申し訳ない。しかし、完全に一致させるために、最低一ヶ月は必要だと感じる。

その代わり、私は顔や名前を覚えると、生徒たちの表情、会話などをいつまでも鮮明に覚えることができる。つまり、ある生徒の一週間前の表情と比較して、その生徒が現在、悩みや不安があるかなどを判別することができるのだ。そのように、私はどうやら動画的な記憶力が抜群に優れているらしい、ということも確認できた。ある状況について、当時の全体の背景や、話していた内容などを映像として、昨日のことのように鮮明に覚えられるのである。動画撮影をして、後から見返すような感覚と言えば分かりやすいだろうか。そういうことにも気づかされる実習だった。

第二次世界大戦の授業

教育実習の大きな関門であった私の授業「第二次世界大戦」も、生徒に伝わり、うまく乗り越えられたのではないかと思う。結局どのような授業にしたのかというと、新聞社に頼んで戦前の新聞を入手し、戦時中、メディアがどのように報道していたかを生徒に見せた。そして現在、日本は当時の戦争をどのように伝えているか、また、中国の教科書はどのように伝えているか、そして、同じ研究室の中国人留学生たちは日本に対してどのように考えているかも取材して、併せて伝えた。研究室の中国人留学生たちは、日本のことをよく知っていた（そもそも日本が嫌いだったり関心がなかったりすれば、留学に来ないだろう）。一方、中国は学歴社会なので、受験勉強がすさまじく、中国の中学生・高校生の多くは学校の寮に入り、猛勉強の寮生活を送る。そんな経験をしてきた彼らに「日中戦争」や「盧溝橋事件」について聞いたところ、「大学入試に向けた受験勉強が忙しく、暗記する程度であった」という答えが返ってきた。不勉強なのではない。日本の中学生、高校生も一緒だろう。東アジア圏の大学受験では、暗記できた物事の数で成績が決まりがちなのだ。そもそも「歴史」というのは、政治的にきわめて高度な分野である。だからこそ、教育をする際には、客観的な資料を集めて生徒に見せればよい。後は生徒たちそれぞれが考えればよいのである。

皆、私の授業を、興味を持って受けてくれた。特に興味を持ってくれたのが、「ふすま団子」である。「ふすま」とは米を精米するときに出る米ぬかであるが、新潟は稲作で有名なので、米ぬかも一キロ一五〇円ぐらいでスーパーに売られていた。現在は米ぬかをそのまま食べることはなく、ぬか漬け用に売られているのだが、戦時中はその米ぬかを団子にした「ふすま団子」が食べられていた。今回、授業にあたって、ふすま団子を実際に作ることにした。現在は衛生上、学校で作って生徒に食べさせるわけにはいかないので、私が研究室で作っている写真を見せながらレシピを伝え、畑中さんなど、同じ研究室の大学院生らに嫌々食べてもらった感想も伝えた。もちろん私も食べたが、まずかった。小学校の頃に飼っていた鳥に与えていた餌のような匂いがするし、味付けは近所の海へ汲みに行った海水を使っただけなので、しょっぱくてまずい。そんな様子を、生徒たちは笑いながら関心を持って聞いてくれた。

教育実習を終えて

こうして無事、教育実習を終えることができた。授業を通じて様々な気持ちを思い出せたものの、率直な感想を言うと、とにかくしんどかった。しかし、こんな貴重な体験を、社会人になってからできるとは思ってもなかった。塾講師のときもそうだったが、生徒たちの持つ力は不思議だ。しんどいはずなのに、生徒たちの前では疲れがなくなる。一人になれば、疲れが一気に押し寄せる。久しぶりに同じ気持ちになった。とにかく、無事二週間が終わった。

また、私の実習先の中学校には、同じJ教育大学の学生がほかに六名いたが、皆、本当に優秀だった。是非とも先生になってほしいと思う。私より一五歳ほど年下なので、「おっさん」の私がいることでやりにくいかと思っていたが、川島さん同様、やはり優秀な人材に年齢は関係ない。そんなこと全く気にせず、彼らの会話の輪に入れてくれた。教育実習が終わっても、大学内で会うと、皆挨拶してくれた。

ただ、担当学年が中学三年生だったこともあり、生徒たちの進路が気になった。私は「皆、自分の納得いく進路を選んでほしい」と心から願っていた。私の場合、サッカー部を引退した中学三年生の秋以降、学校にあまり行かなくなり、家にも帰らなくなって、前にも書いたようにゲームセンターにこもっていた。南場とはそれがきっかけで仲良くなったので、それはそれで後悔していないが、中三は反抗期も重なり、なかなか難しい年頃だった。また、義務教育という教育制度の終わりが見えてくるにつれ、高校入学へ向けた「受験」を多くの生徒が初めて経験する。中三になって保護者も初めて我が子の受験と向き合う場合も多く、初めての経験をする者同士である親子の衝突も多くなり、生徒たちの反抗もさらに加速しがちである。だからこそ、生徒たちはこの進路を上手く乗り切ってほしいのだ。

実習が終わり、長男と次男の面倒を見てくれた妻の両親が大阪に帰ることになった。二週間も面倒を見てくれたので、何かお礼に新潟のおいしいものをご馳走せねば、と思っていたが、逆に教育実習が無事に終わったことを慰労され、また恩を作ってしまった。義父と義母は、新潟から山形などを回って、ゆっくり帰るらしい。夫婦仲がよく、どのような境遇でも最大の楽しみを探す義父と義母は、妻が言う通り、私から見ても理想の夫婦である。

三　再び、研究・子育て生活

畑中さんとの共同研究

教育実習の後は、修士論文の執筆に向け、多忙な研究生活が待っている。しかし、実習も終わって一段落ついた私は、修士論文とは別に、畑中さんと共同で研究をすることにした。小学校の教員と、新聞社員による教育学の共同研究など、私たちの知る限り過去事例はなかった。産業界と学校の連携はとても重要であり、教育学的な視点を通じて研究を行うことには意義がある。研究内容が決まり、その内容や予定をK教授にメールで伝えた。K教授から「とても興味深い研究ですね。協力します」と返信がきた。

実習期間に起こった変化

教育実習中の五月、私が知らぬ間に周囲で変わったことを報告しよう。まず、南場が研究室を変えた。私も実習が終わった後、久々に南場に会った際に初めて知った。案の定、限界が来たようだ。ただし、性格が合わないからという理由だけで変えたわけではないようだった。南場は就職活動をしなければならないが、所属する研究室の先生に相談したところ、「もっとちゃんと研究をしてから就職活動をしたほうがよい」と言われたそうだ。そこで南場は研究室を変え、就職活動をする方を選んだ。私もそれに賛成だった。南場も私も三〇代後半と若くはない。南場の研究室の先生が言うことも決して間違いではない。しかし、立派な論文を作成し、研究に打ち込めば就職を保証してくれるのかといえば、そんな保証もなく、南場も一生懸命研究はするだろうが、研究の深度と就職が必ずしも結びつくわけでもない。となれば、就活はできるだけ早くから始めるに越したことはない。

南場は研究室を変えて以降、さらに子どもたちの面倒をよく見てくれるようになった。就職活動はあるが、研究室を変えて、時間も気持ちもゆとりができたからだろう。その様子を見て私は確信した。南場はきっと就職活動を上手くやり遂げるだろう、と。面接には普段の表情が表れるという。ゆとりがない日々を送れば、相手の印象だって悪くなりがちだ。研究で苦しむ時間を減らし、我々と笑顔で話す時間を多くする方が、面接ではいい効果がある。それに南場は、川島さんのように年間計画を作り、実行しているようだ。

K教授からの提案

「また国際インストラクター事業をしてください」。実習を終えて、久々に会ったK教授からいきなりそう告げられた。「何のことだ?」と思ったが、昨年K教授の授業の一環でそのようなボランティア事業に参加し、小学校で出前授業をした記憶が蘇った。「あれは講義の一環でしょう。もう終わったのでは?」と尋ねると、K教授は笑顔で言った。

「いや、今年もしてください。畑中さんと一緒に」

「前にお伝えした通り、私と畑中さんは共同で研究する予定です。そのような時間はないかと」

「共同研究の内容でいいんです。それを小中学校で出前授業としてやったらいいんですよ。せっかく共同で研究するなら、実際に授業をする方がいいでしょう」

「……畑中さんが了承するでしょうか。彼は教員が本職ですよ。出前授業なんて」

「大丈夫ですよ。畑中さんの修士論文にも役立つようにセッティングしますので。昨年のように四、五人一チームでやってください」

K教授がいきなりそう持ちかけてきたということは、何か我々の研究について面白いことを考えついたのだろう。だとすれば、参加した方がよさそうな雰囲気だ。四、五人一チームならば、畑中さん、川島さん、南場と私で参加することになるだろうか。

畑中さんを説得する

例えば、プロの野球選手が、ほかの球団に一日だけ所属し、試合をすることになったら選手は嫌がるだろう。それか、人気のある料理店の優秀なコックが、「知らない店で一日コックとして料理しろ」と言われたら、嫌というより、やりにくいし、気も遣うだろう。畑中さんも同じように、プロの教員である。いくら研究のため刻苦をしていようと、自分が所属していない県の知らない小中学校へ行って出前授業をするなんて、嫌がるに決まっている。

だが、実は見てみたかった。実践集を読んだことがあるので、畑中さんの教育実践がどのようなものであるかは知っている。しかし、畑中さんの授業を実際に見たことはない。南場と川島さんも同じ気持ちだったようで、即席ながら絆深い国際インストラクター事業チームが出来上がった。もちろん畑中さんを除いて、である。

こうなれば、畑中さんを説得するしかあるまい。私は畑中さんに、丁寧に国際インストラクター事業の大切さや社会的意義を解説したのだが、畑中さんはやはり「嫌ですよ。研究はしますが、国際インストラクターなんかする必要はないでしょう」と嫌がった。しかし、私は川島さんから、私にとって非常に大事な情報をもらっていた。国際インストラクター事業はボランティアの一環であり、奨学金返還免除を申請する際に役に立つのだという。昨年に続き、二年間ボランティアをすることになれば、いい実績になるだろう。ならば、少なくとも私にとっては、研究とボランティアをこなせる上、奨学金返還免除の助けにもなり、「一石三鳥」である。

「授業は私がします。畑中さんはついてくるだけでいいですよ」と言っても、「それならなおさら、私が行く必要はないでしょう。そんな時間があれば研究がしたいし、ほかの小学校の授業を見学しに行きたいです」と返され、なかなか手強い。「K教授の命令です」と言って「……教授の指示なら仕方ないですね」と素直に聞くような畑中さんではないことはよく分かっている。それなら一年で研究室を二回も変えないだろう。教育学研究に妥協しないのが畑中さんである。温泉や食事にはホイホイ付き合うくせに、教育学研究においては面倒くさい男だ。しかし、これだけ研究熱心なことを知っているので、「じゃあもう共同研究もしない」などという極端な論をお互い出すことはなかった。私も畑中さんも共同研究を楽しみにしていたのだ。気が進まないのは、国際インストラクター事業に参加することのみである。「まあ、一応、南場も川島さんも加わっていますし、私の奨学金返還免除のためにもご協力ください」「本当に気乗りしませんが、了解しました」という会話にたどり着くまで、四〇分ほどは話し合っただろうか。最後は、私の奨学金返還免除のためと、普段の夕食の恩で妥協してくれたのだろう。なんとか説得することができたが、畑中さんは、それぐらい教育学研究に費やす時間を大切にしていた。これで我々はＫ教授の下、国際インストラクター事業も行うことになる。

次男、幼稚園最後の運動会

六月中旬、幼稚園の運動会が行われた。次男も年長組となり、これが幼稚園で最後の運動会となる。昨年とは違い、次男は最年長として、年下の園児たちに遠慮することなく積極的に主張し、堂々と退場していた。この一年間の成長に、感慨深いものがあった。

この幼稚園では、年長組名物「仮装徒競走」があり、今年の園児たちはエビやマグロなど、自分の好きな寿司に仮装しながら元気よく走っていた。次男は彼の好物である納豆巻きになって走る予定であったが、種目が始まると、年下の園児たちからの注目も気にせず、積極的に泣きながら「やりたくない」と主張し、先生の後ろにしがみついて、堂々と退場した。「納豆」とは程遠い、なんとも粘り弱い姿だった。いや、しかし、競技を取り仕切る先生の体に巻きついて離れず、邪魔をしていた次男の姿は、「うまい納豆」にある粘り感が見事に表現できていた。新潟へ来て一年、日々一緒に過ごす私は次男の大きな成長を感じるが、傍から見るとそう簡単に変われるものではない。

ただし、昨年の運動会と比べて、変化はあった。納豆巻きにふさわしい粘り感で、泣きながら先生にしがみつく次男の勇姿を、川島さんにしっかりとカメラに収めてもらい、記録として残せた点だ。記者が取材で使うような立派なカメラを持って来てくれた川島さんに、私は撮影をお願いした。保護者が一人増えるとありがたい。南場と長男は昨年同様、私と一緒に保護者として参加してくれた。

「ほかの競技は上手くこなしてたのに、なんで「納豆巻き」だけ嫌がるねん」。私の隣で競技を見ていた南場が発したツッコミは、私と長男の笑いのツボとなり、大声を出して笑ってしまった。南場と私たちは回転寿司によく行っていたので、納豆巻きとフライドポテトしか食べない次男をよく知っている。納豆巻きを次男が嫌がるなら、後はサイドメニューのフライドポテトの仮装をするしかない。

四　産学連携の出前授業

畑中さんの学校での出前授業へ

我々の共同研究のテーマは、企業と学校の連携であり、教育の世界では「産学連携」といわれる。私は企業側として、新聞の読み方や作り方についての出前授業を行い、畑中さんは学校側として私の出前授業をカリキュラムに組み込めるように授業を設計する。それを互いに分析し、考察する研究である。

企業の人を学校に招聘（しょうへい）して出前授業などをする際、多くの場合は企業の人が好き勝手に自分の取り組みなどを話したり、時には自社の商品を解説したりして帰っていく。先生側から見れば、わざわざ学校へ来てくれて授業をしてくれることは実にありがたいのだが、出前授業の多くは、学校の授業としては成立していない。そこで、我々の研究では、企業側が学校の授業も進めることができるような教材を開発し、出前授業を行うことによって、学校側も授業単元として進めることができることを想定する。企業側も出前授業ができ、学校側から見ても授業の一環として企業が先生の代わりに一コマの授業を行ってくれたことになるので、両者にとって恩恵があるといえる。

新聞に関していえば、小学四年生や五年生向けに「新聞の作り方」や「新聞の読み方」を題材として、情報を発信する際にどのような意図をもって伝えようとしているかなど、教科書の内容をもとにした教材を開発する。そうすることで、私の出前授業は国語科の授業にもなり、社会科の授業にもなる。総合的な学習の時間と絡めることもできるだろう。学校の先生も授業が進むので助かる。教育にとっては価値のある研究だ。

しかし、どんなに価値のある研究だろうと、実践しなければ絵に描いた餅となる。そこで、素早い行動が持ち味の我々は、六月下旬にさっそく畑中さんが勤めるN県の小学校で出前授業を行うことにした。学校の先生方も興味を持ってくれたので、すぐに実践できることになった。もちろん、学校に事前に研究許可をとった上である。畑中さんが校長先生に話を通して、迅速に許可を取ってくれた。

というわけで、次男の運動会が終わった後、すぐにN県へ行くことになった。畑中さんは学校への配慮や準備のため、一足先にN県に戻った。さらに南場が、動画撮影などの助手として手伝いに来てくれることになった。

N県への道のり

N県は、新潟からは、我々のホームである大阪よりもはるかに遠い。そこで、私は先に子どもたちを連れて南場と大阪へ帰り、大阪からN県へ飛行機で行くことにした。長男は学校を二、三日休まなければならないため、担任の先生へ相談し、授業の代わりに宿題を出してもらうことにした。次男は幼稚園を休めて妻にも会えるので喜んでいた。

大阪で子どもたちを妻の実家に預け、そのまま南場と空港へ向かう。ところで、我々は三七歳のおっさんたちであるが、大学院生なので学割が使える。三六歳で大学院に入り、学割を利用するたび、違和感もありつつ、年齢と学生という身分のギャップに愉快さも感じていた。特に、家族でカラオケやボウリングなどに行くと、私だけが学割を適用することになる。割引もありがたいのだが、それよりも学生証を見せるたび、老若男女を問わず、店員の「お前、おっさんやんけ」というような表情が一瞬見えるのが面白かった。

新しい産学連携の形

実を言えば、N県は私の母の生まれ故郷ということもあって、個人的にゆかりが深い土地だった。私も幼少の頃、毎年夏休みは母方の祖父母と一緒にN県に行っていた。最後に行ったのは大学一年生の頃、亡くなった祖母の初盆のときだったので、今回は、およそ二〇年弱振りのN県である。久々に戻ってきたという感覚だった。

N県の空港に着くと、畑中さんが車で迎えに来てくれた。ホテルにチェックインした後、畑中先生の小学校へ伺い、校長先生、教頭先生、担任の先生方にご挨拶した。そして、私は翌日の授業の「展開案」を提出した。展開案とは、授業の設計図のようなもので、教育者にとっては大切なものだ。しかし、出前授業をする企業側が展開案を出すことはまずないだろう。そのため、先生方も驚いていた。これぞ、我々の共同研究における一つの試みである。産学連携には学校側の理解が必要不可欠だが、企業側も教育に歩み寄り、教育現場を理解することが必要である。展開案が企業側から提出され、驚く先生方の様子を見て、畑中さんと「この研究はいける」と確信し合った。

産学連携の難しさとして、自社商品をPRしたい目的で出前授業に来る一般企業と、企業の商品ではなくあくまで特性を学ばせたい学校側とでは思惑が異なり、目的や目標がずれている点が挙げられる。しかし、児童生徒にとって様々な企業から学ぶことは、キャリア教育としても今後重要となる。そこで、企業側が児童生徒のために、学校側が求める目標を理解して、学校の授業カリキュラムが進むような出前授業をすることができれば、学校側、教育にとっても大きなメリットが生まれる。多様化の進むこれからの時代に重要なのは、教科書だけで学ばせることよりも、子どもたちに様々な経験をさせることであり、幅広い企業や専門家を学校へ招聘（しょうへい）することが求められているだろう。

小学校での出前授業

翌日、私は畑中さんの勤める小学校で新聞の出前授業を行った。畑中さんの勤める小学校は、校舎の見た目は普通だが、教室が素晴らしかった。教室はいたって開放的で、クラス間の仕切りとなるようなドアも窓もなかった。隣のクラスとは最低限の壁だけで仕切られている。私や南場はそれに驚いた。私たちが卒業した小学校から高校までの教室は、当然のように教室と廊下の間にドアがあり、壁があり、窓があった。それが普通だと思っていた。

畑中先生の学校の構造には、UD（ユニバーサル・デザイン）といって、どのような子どもたちでも安心して過ごすことができるように工夫するという明確な意図がある。たしかに廊下と教室の区切りがない分、空間が広々と見えて開放的に感じるし、廊下に児童たちの私物を置いていても安心だ。教室の区切りを取ればこんなにも空間が広く見えるのかと感動する。

さて、肝心の出前授業では、パソコンを電子黒板に接続して画面を見せながら進め、たまに児童に配布した新聞記事のプリントや新聞を使いながら、新聞の作り方を教えた。児童たちも積極的に授業に参加してくれたので、楽しく進めることができた。授業が終わると、南場とすぐに大阪への帰路についた。空港まではやはり畑中さんが送ってくれた。大阪に戻ると、落ち着く暇もなく、息子たちを連れて新潟に帰る。長男は小学校があるし、私も授業があるからだ。一週間後、畑中さんが新潟へ戻った後で、授業でとったアンケートやデータを分析し、論文にすることにした。

英語論文VS畑中殿

新潟に戻った畑中さんと私は研究データをまとめ、分析を行った。あとは論文さえ書けばよい。しかし、これが曲者だった。今回の論文は日本語だけではなく、英語でも書くことになった。海外の学術学会で発表するためである。海外とはいえ、今年は偶然韓国の大学で発表があるらしく、距離的には近い。それでも海外の研究発表であれば、当然英語で論文を書かなければ認められないし、発表も英語で行わなければならない。

しかし、なんと畑中さんは「英語だろうが韓国語だろうが、俺は外国語が嫌いだ」と言って、一切英語論文の作成に協力してくれなかった。幕末時代であれば攘夷（じょうい）派の立派な志士として通用したかもしれないが、今は平成の世である。何より、我々が成し遂げたいことは、幕藩体制の維持でも明治維新でもなく、教育学研究である。端的にいえば、畑中さんは外国語が苦手なのだ。最初は冗談かと思っていたが、畑中さんは、日本語論文の執筆には積極的な一方で、それを英訳する作業には一切関心を示さず、結局すべて私が英訳することとなり、徹夜の日々が続いた。

とんでもない話だと思われるかもしれないが、これには理由がある。海外の学術学会での発表は、またしてもＫ教授の勧めで決まったのだが、前回の一件と同様、畑中さんは学会参加にごねたのである。畑中さんは、「日本での教育学研究なのに、なぜ海外まで行って発表する必要があるのか。しかも英語で話すなどできない」と言い放ち、学術学会へ参加することを嫌がった。普通に考えれば、海外の学術学会で発表など、実績面からいっても千載一遇のチャンスだ。Ｋ教授が参加を勧めてくれたのも、我々の研究を評価してくれている証拠であろう。しかし、畑中さんは現場に立つ教員として、あくまで日本の学校教育をよくしたいと常々考えている男である。

「私が英語で発表するし、一緒に側にいてくれるだけいいから」と、まるで恋人に言うようなセリフを畑中さんに伝えてみたが、「側にいるだけなら、なおさら参加する必要はないでしょう」と、聞き覚えのある口ぶりで突っぱねてくる。「Ｋ教授の勧めです」と言って「……教授の勧めなら仕方ないですね」と素直に聞くような畑中さんではないことは、よくよく身に染みて分かっている。それなら一年で研究室を二回も変えないのだ。温泉や食事にはホイホイついてくるくせに、教育学研究においては、誠に面倒……、とはいえ、「これもめったにない経験かと思いますし、一緒に韓国に行きましょう」「そうですね。了解しました。ただし、海外へ行く場合は、Ｎ県の許可が必要なので、時間を下さい」今回は、このコメントに至るまでには一〇分もかからなかった。私が英語で発表するという約束が、畑中さんに安心感を与えたようだ。しかし、「一緒に英語論文を作成しよう」と私が持ちかけた際、先ほどの「攘夷派」発言が飛び出したわけだ。そんな経緯もあり、私が一人で畑中さんとの共著論文を英訳することになった。

日本語論文を英訳するのは時間がかかり苦労したが、何とか提出期限の八月末には間に合った。出来上がってすぐに、「教育の専門用語などの英語表現が正しいかチェックしてほしい」と畑中さんに頼んだが、「英語が分からないのにチェックしようがない。それでいいんじゃないの」と適当な返事が返ってきた。結局、私と高学歴の白井で一〇回以上読み直した上で英語論文を完成させ、提出した。畑中殿、誠に研究には正直で、妥協しない男でござった。

第六章　二年目の夏

「本物」を知る息子たち

一　次男の夏

食に対する「ダメ出し」

二〇一七年七月、新潟二年目の初夏である。幼稚園に次男を迎えに行くと、次男にいきなり「お父さん、負けてる。頑張れ」と言われた。「何のことだ？」と思ったが、次男の手には、ある有名な食品メーカーのカレールーが握られていた。私の家では使ったことがないカレールーだ。「幼稚園でカレー作ったん？」と聞くと、「作った。お父さん、負けてる。頑張れ」と返された。次男は、私が夕飯に作るカレーが幼稚園で作ったカレーよりも不味く、「負けてる」ことを伝えたかったようだ。要するに、私の料理に対する「ダメ出し」をしてきたのである。

ここで一つ言い訳をしたい。私の家には、毎晩六人ものお腹を空かせた人間がおり、私は彼らのために夕飯を作っている。六人もいれば「六人六色」であり、好みの味もそれぞれ違ってくる。カレーで言えば、川島さんは甘口、長男は甘口寄りの中辛、南場は中辛、畑中さんは辛口、白井は大辛口を所望する。そこで私は、二つの鍋を使い、甘口と大辛口の二種類のカレーを作るのである。皿に盛るときに甘口をベースにして、大辛口で辛さを合わせれば、なんでも好みの味が作れるのである。大辛口は少なめに、甘口はたくさん作る。次男の睡眠のためを思って、私はそんな苦労を日々重ねているのだ。しかし、次男は普段カレーに興味を示さない。出来上がったカレーを盛り付けるときに「甘口と中辛どっちがいい？」と聞くと、「ラーメン」、または「うどん」と答える次男である。私がカレー屋の店主なら「お客さん、冷やかしなら帰ってくれ」と返してしまいそうだが、相手は我が息子だ。次男は麺類が大好きで、うどん、ラーメン、そうめんなどが大好物なのだ。

私は、食事は人生のなかで最も大事なものの一つだと考えており、次男の食べ物への興味や関心を高めるため、次男の希望に応えて好きな食事を出すようにしている。その結果、傍からは次男を甘やかしているように見えるようで、妻からは「子どもたちに甘い」と叱られる。ともかく、私の家の冷凍庫には、次男用のラーメンやうどんの麺が常にストックされている。先のようなケースでは、次男の要望に応えてラーメンを作るのだが、「せっかくカレーも作ったから、ラーメン作っている間、少しだけカレー食べてて」と言うと、次男はあからさまに嫌々な表情で、私の作ったカレーを少しだけ食べる。そんな私のカレーも残りの五人には大好評であり、すぐに鍋は空になるのだが。

こんな風にカレーに興味を示さない次男が、幼稚園で自分が作ったカレーは「美味しい」と喜んで食べたらしい。私のカレーと幼稚園のカレーの違いを考えてみても、カレールーの違いぐらいしか思いつかない。「お父さんもこのカレールーを使って作ったら、幼稚園と同じ味になるで」と言うと、次男は「うん、作って。お父さん、負けてる。頑張れ」と、幼稚園でもらったカレールーを私に渡してきた。受け取った私は「楽勝やんけ」と思いつつ、夕飯もカレーにするけどいいか、と次男に確認を取って、スーパーに行った。スーパーには南場が同行したが、私の買う野菜を見て「今日はキノコと鶏肉のホイル焼きちゃうかったん？」と聞いてきた。幼稚園のカレーの話を説明すると、南場は「ホイル焼き、楽しみにしてたのに……」と、子どもじみた返事をして、次男と同じ土俵に上がってきた。「嫌なら食うなよ」と言うと、「いや、食う」と返してくる。こんな会話も、私と南場の間では結構「お約束」である。

夕飯をカレーに変更して、次男の持ち帰ってきたカレールーの大きいサイズも買ってきて、カレーを作った。結論から言おう。次男は二、三口食べるとスプーンを置き、私へ向かって「お父さん、負けてる。頑張れ」と言い放った。まるで昔読んだ、新聞社同士で料理対決をする、あのグルメマンガのようなワンシーンだった。私も文化部の記者か何かで、「究極のメニュー」作りを任された身であれば、「子どもの味覚は敏感なんだ。次男はいったいなぜ「負けてる」と感じたのか」と熟考し、有機野菜だの、自然のなかでのびのび育った牛の肉だの調達して、究極のカレーを探究するのかもしれないが、実際の私は「子ども向け」の教育紙を担当している身である。幼稚園児とはいえ、まるでグルメを極めた美食家のような次男の態度に腹が立ち、「なんでやねん、一緒やんけ。カレールーまで一緒の使ったんやぞ。お前が幼稚園で作ったカレー、何が入ってたんや。舌がおかしいんとちゃうか?」などと、子どもに負けず劣らずの口ぶりで息巻いてしまった。しかし、次男は落ち着いた様子で、「お父さん、負けてる。頑張れ」としか言わない。これは翌日先生に聞いて、美味いカレーの真相を突き止めるしかない。

翌日、幼稚園で担任の先生に聞いた。次男のカレーの美味さの秘訣は、単純明快なものだった。次男たちが作ったのは肉なしの野菜カレーで、野菜は幼稚園で育てて収穫したものだったという。自分たちが育てた作物であれば「気持ち込み」で美味いに決まっている。「幼稚園のカレーが美味かったん、やっぱりお前の気持ちの問題と違うんか?」と言うか少し迷ったが、止めた。あの次男が、カレーについて語る日が来たことが嬉しかったからだ。

翌週、私は気を取り直して、幼稚園で作ったカレーのレシピを先生から聞き、忠実に肉なし野菜カレーを再現した。しかし、一週間という時の流れが次男を元に戻したのか、いつも通り「うどん」と返ってきた。カレーへの興味がなくなっている。それを聞いて呆然とする私に、南場が「今日のカレー、なんで肉が入ってないねん?」と追い打ちをかけてきた。我に返り、「嫌なら食うなよ」と南場に言うと、「いや、食う」といつもの返事が返ってきた。

七月、次男のお泊まり保育

J教育大学附属幼稚園は、年長になれば、夏休みに入る直前に「お泊まり保育」という催しがある。年長の園児たちは、バスや電車で移動して、隣の市にある青少年自然の家に一泊するのだ。そのようなハイレベルなチャレンジが次男にできるのだろうか。というか、どのような表情をしてバスに乗り込むのか、見たかった。次男はお泊まり保育を嫌がってはいたが、次男が嫌がれば嫌がるほど、私と南場は興味を持った。

幼稚園からバスに乗って出発する園児を保護者は見送らねばならない。当日、私と南場が保護者として見送ることにした。出発日は平日のためか、見送る保護者は母親たちばかりだった。園児たちが次々とバスに乗っていく。次男の姿もあった。意外にも泣いていない。颯爽（さっそう）とバスに乗り込む次男であったが、窓側の席に座って窓外の景色に私と南場を見ると、シクシクと泣きはじめた。「耐えていたのか」と分かった私と南場は、手を振りながら元気づけようと大笑いした。笑っている我々とは反対に、泣きながら見送る保護者もかなりいた。

次男はお泊まり保育を終え、堂々と帰ってきた。聞けば、バスに乗ったとき以外は泣くこともなく、楽しく過ごしていたそうだ。それはよかった。お泊まり保育が終われば夏休みである。今年も私は、大学院の授業と教員免許取得のための講義、そして八月に大学内で行われる学術学会の発表があって忙しいため、長男、次男は妻が大阪に連れて帰ってくれることになった。しかも、妻は私の「束の間、学問を離れてゆっくりしたい」という気持ちを察してくれたようで、石川県にある、子どもも楽しめる施設がある温泉宿を予約してくれた。妻は大阪から石川までバスで、私たちは新潟から石川まで車で向かい、帰りは私が車で新潟に、妻と子どもたちは電車で大阪に帰ることになった。

石川県の能登半島へと向かう。能登半島は私も生まれて初めて行く場所だった。石川県を訪れることはあっても、金沢までしか行ったことがなかった。そんな能登半島を半周ほど車で移動したのはとても楽しい時間だった。妻と子どもたちを金沢駅まで送り、一人きりになった。一人で新潟まで運転すると、大きな違和感があった。いつも子どもたちや南場が乗っていたので、逆に一人で車に乗ることに慣れていなかったのだ。明日から、また大学で多くの授業を受けねばならない。一人で学問に打ち込まねば、と気持ちを切り替えることに努めて、新潟へと帰った。

二　忙しない夏、再び

「教育者」畑中先生と面接指導

子どもたちも無事大阪に帰ったので、集中講義、学術学会発表の準備、論文の英訳、畑中さんとの共同研究などに専念しようと考えていたが、戻るとすぐ、畑中さんと私にストレート・マスターの同級生たち五名ほどから相談が来た。内容は「教員採用試験の面接が近づいているため、面接の指導をしてほしい」というものだ。同級生とはいえ、畑中さんは教員である。彼らから見れば大先輩であり、憧れの成功者だろう。畑中さんに面接での受け答えを見てほしいそうだ。そして私は民間企業から来ているので、一般的な企業の観点からマナーを見てほしいとのことだった。

先に述べた通り、私たちのコースに所属するストレート・マスターの大学院生たちはとても気さくで、真面目で優秀だった。教員大学院生や私や南場などの社会人組にも隔てなく接してくれた。年齢に臆することなく接することができるコミュニケーション能力があるだけでも、面接では高評価だろう。しかし優秀な大学院生は、やはり油断も隙も与えないものだ。畑中さんが快諾したので、私も了承した。彼らはもちろん就職支援室にも行き、大学側からも面接指導を受けている。教員になるために努力を惜しまない彼らのなかには、私から見ても、教員採用試験とは言わず民間企業に、そしてできれば私の新聞社に来てほしいと思う優秀な大学院生も数名いた。

そして、畑中さんによる面接指導が行われると聞いた、川島さんを含む大学院三年生たちも、私たちに指導をお願いしてきた。彼らは一年先輩であるし、川島さんなど、畑中さんとはほぼ毎日話しているのだから指導も必要ないだろうが、彼女は詰めの甘いことをしない。川島さんは、大学院はもちろん、大学の教員免許取得の授業成績もトップらしく、彼女が目指す都道府県の教員採用試験では、J教育大学からの推薦をもらっている。さらに、六月には学生支援機構の奨学金返還免除まで獲得していた。これは、非常に優秀な成績と研究成果を得たものだけが受けることのできる奨学金の返還免除であり、次年度私も目指すものである。毎年、各大学の大学院生のうち一、二名だけが選ばれるという狭き門だ。一年先輩である川島さんは、今年それを見事に獲得した。畑中さんも「年齢関係なく、やはりできる子は一切気を抜かんよな」と感心していた。私もそれには同感であった。

結果的に、我々は一〇名程度の大学院生の面接を見ることになった。畑中先生、私、南場が面接官となり、まずは各個人の面接を見る。私は教員採用試験の面接を受けたことがないので、雰囲気や質問内容については畑中さんから指示を受けた。畑中さんを中心にして、その左右に私と南場が座った。畑中さんも引き受けた以上手は抜かず、彼らが望む各都道府県の面接内容や方法を調べ、すべて暗記していた。都道府県によって聞かれる内容も異なるが、畑中さんはそれらを頭に入れ、各人が希望している都道府県の採用試験面接を見事に再現した。

この畑中さんの徹底した面接指導を目の当たりにして、私が最も呆気にとられていたと思う。私とほぼ毎日一緒にいる畑中さんを、改めて不思議な人であると感じたからだ。思うような研究ができないと分かると、前例の有無に関係なく大学院を一ヶ月で辞めて職場復帰しようとする。そして研究室を一年間で二度も変える。教育学研究には決して妥協しない。一方で、私やK教授が教育関連の行事に参加するよう促してもなかなか同意しない。そんな畑中さんが、ストレート・マスターたちに対し、時間も惜しまず親身になって、徹底した面接指導を行っている。大したものである。畑中さんの適確な指導に喜んだストレート・マスターたちは、集団面接も見てもらうことを希望し、畑中さんも日を改めて指導することを提案した。その日までに、今回と同じように集団面接を課す都道府県の傾向を徹底的に調べるのだろう。面接指導が終わった後、私は畑中さんにこの徹底ぶりの理由を尋ねた。畑中さんは笑顔で「彼らの人生がかかっているし、引き受けた以上、いい加減なことはできないでしょう」と答えた。その通りだ。今回の私の収穫は、畑中さんという人間の深さをよく分かったことである。自分の教育学研究に、また、自分の研究の邪魔をする者には厳しいが、後輩や助けを求める者には優しい。まさに「教育者」であった。

集中講義中、失礼します

この夏も、教員免許取得のために集中講義に出なければならない。集中講義中は、通常四か月ぐらいかけて一五回ほど受けるはずの授業を一日五時間目まで受け続け、それを三日間連続で行う。つまり朝から晩まで一つの講座を受け続けるのである。学生も教える先生も過酷だ。

しかし八月、私はそんな集中講義と、人生で初めての学術学会の研究発表が重なってしまった。そんなとき、どうすればよいのか。学術学会での発表を優先するか、集中講義を優先するか。大学院生としてなら、当然、学術学会で研究発表することを優先するべきだろう。しかし、教員免許取得にあたっては、単位を一つでも落とすと免許がもらえない。当然、集中講義を丸一日休むことなどできないだろう。そこで、集中講義の先生に相談して、私の研究発表の時間だけ授業を抜けさせてもらい、発表が終わり次第戻ることを了承してもらった。また、学術学会を取りしきる先生にも伝えて了承を得た。学術学会も教員免許の講義も、同じ大学内で行われていたため出来た裏技だった。

私の発表は午後なので、午前中まで集中講義を受け、一三時頃授業の途中で抜けて学術学会の会場へ向かうことにした。学術学会では、正装をして発表するのが礼儀である。私もこの日はスーツ姿で授業を受けていた。研究発表の時間が近づいた頃、静かに立ち上がり、パソコンを抱えて先生に一礼し、教室を出て、ダッシュで学術学会の会場へと向かった。着くとちょうど私の出番であった。着いてすぐパソコンをプロジェクターにつなぎ、発表に入った。質問が数件あったので答えて、無事、研究発表が終わる。そしてすぐに退出し、再び集中講義の教室へ戻って講義を受けた。両方出席が認められたのでホッとしたが、とにかく疲れる一日だった。これが私の学術学会デビューだった。

旅ざんまいの息子たち

教員免許取得のための集中講義、学術学会での研究発表、一一月に韓国で行われる国際学術学会に提出する英語論文の制作など、やるべきことが山積していた私にとって、大学院生活二年目の夏も、休みがなく忙しない夏となった。

日々時間の制約がある上、提出物の締め切りなどに追われる毎日を鑑みれば、ある意味新聞社で仕事をする夏よりもハードであった。しかし、学問をしに大学院に来た時点で覚悟していたし、自分のわがままで決めた選択だ。学問と徹底的に向き合うことはまさに本望だろう。だから、弱音を吐くなど論外である。

とはいえ、夏休みも終わる八月下旬、帰ってきた子どもたちが様々な場所へ旅行をしてきた、と二年連続で聞けば、少々弱音を吐いてみたくもなる。今年は義父母が車で新潟まで子どもたちを送ってくれたのだが、妻も一緒に来た。新潟に来る途中、福井や富山などに立ち寄り、義父母は子どもたちや妻に高級な宿や豪華な食事を経験させてくれたようだ。彼らは新潟にある佐渡島を観光した後、私の住処へと戻ってきた。長男は「のどぐろ」や「シロエビ」などの高級な名前を、言葉だけではなく舌でも覚えたようで、言葉でしか知らない私としては何ともうらやましくも、腹立たしくもあった。たしかに、私や妻だけではこれらの高級海産物には手が出せない。「シロエビ風味」のラーメンか「のどぐろ風味」のインスタント味噌汁を買うのが関の山だろう。本物を経験できた長男たちは優しい祖父母にもっと感謝すべきだ。私だってまだ本物を食べたことはないのに。

とにかく、はるばる義父母と妻が来てくれたことや、様々に対するお礼を兼ねて、私は皆を地元の高級な海鮮料理屋に招待した。そこでホタルイカを食べた長男が「この前、富山で食べたときの方が美味しかった。あれには感動した」と言ったときは、マジで勘当しようかと思ったほどだ。一方、この高級海鮮料理屋でも納豆巻きだけを食べ続け、己を貫いた次男のスタイルは格好よく見え、誠に好感が持てた。

翌日は私の身の丈に合わせて、義父母を回転寿司に招待した。いつも行っている回転寿司だ。義母は「これは美味しい。新潟で連れて行ってくれたお店の中で一番ね」と言ってくれた。というわけで、新潟へ来て約一年半、私が連れて行ったお店のなかで義母が一番喜んでくれたのは、一皿一〇〇円（税抜）の回転寿司であった。ここから見えるのは、関西人の食に対する考え方であると思う。東京へ単身赴任したときに思ったが、東京には何でもあるし、大阪以上に美味しい店も多くある。ただし、「高いお金を支払えば」という言葉が頭に付く。一方、大阪で流行る店は「美味い」ほかに「安い」ことが条件となる。大阪では、値段が高ければ料理が美味いのは当然であると考えられるため、ハードルも高くなるが、値段が安くて美味ければ大きな満足が生まれる。私の経験から言えば、大阪で流行る店は、東京へ出店しても成功すると思う。一言で言えば、「コスパ」がよいからである。義母は大阪生まれ大阪育ちなので、根っからの大阪人として、素直なジャッジメントを下したのだろう。ところで、安い寿司屋ではあるが、ここでもいつものように納豆巻きとフライドポテトを食べ続ける次男には、いつも以上に好感が持てた。

三　九月初旬の自然学習

憂鬱(ゆううつ)な私と次男

長男は学校が好きなので、小学校が始まると喜んで登校する。そんな長男とは反対に、次男と私は九月、憂鬱だった。幼稚園が始まった次男も、川島さんのおかげで、昨年のように睡眠で抵抗することはなくなったが、だからといって幼稚園に行くのが好きになったわけではない。秋以降にも幼稚園の行事が多くあるようで、それが嫌で毎夜泣いていた。一つイベントが終わると、また次のイベントが嫌になって泣く。次男ほどイベント嫌いな人間もなかなかいないだろう。しかし、今年の九月は、私も次男と似た気持ちになっていた。例の国際インストラクター事業の名の下に、三つの小中学校へ出前授業に行かねばならないのだ。九月はただでさえ忙しいのに、三つもの学校に行くのは正直しんどい。しかし、あれほど嫌がっていた畑中さんの前で弱音を吐くわけにはいかないし、畑中さんも小学校一校で授業をしてくれる。英語論文を提出したばかりだが、休む間もなく、すぐに残りの二校分の、私が担当する出前授業について考えねばならない。研究のためとはいえども、かなりつらい。

気分転換もかねて、私は九月から畑中さんと平日午前中、フィットネスクラブのプールへ行くことにした。毎朝大学で畑中さんと朝食を食べ、図書館に行き、置いてある新聞を全紙読んで、研究室で少し勉強した後、フィットネスクラブへ行って、プールで歩きながら研究の話をして、一緒に昼食を食べ、午後にまた研究室に戻り研究をする。そんな日常を楽しみにしていたが、憂鬱感は完全に消えなかった。この頃、南場は就職活動の大詰めで、東京へ行くことが多くなっていた。

そんななかで、次男と、偶然宿舎の階段に迷い込んできたオオスズメバチを観察するという、都会ではなかなか経験できないイベントも発生した。通常屋内に入ってきたオオスズメバチは危ないが、小窓の隙間にいたため、じっくりと観察することができたのである。結局、スズメバチはそのまま死んでしまった。弱っていると知っていたら逃がしてやってもよかったのかもしれないが、スズメバチは網戸を噛み破って逃げ出すことができるくらい強いと思っていた私は少なからずショックを受けた。安全を考えて、さらに一週間経ってから、スズメバチを処分した。憂鬱な私と次男にひとときの楽しみを与えてくれた、このスズメバチには感謝している。自然が豊かな地域だからこそ、動植物などとの偶然の出会いを楽しんだり、気を紛（まぎ）らわせてひとときの楽しみを感じたりすることもできたのだ。

大人たちのための「自然学習」

九月に入ると、自然豊かなこの地域では、小学校で自然学習をするようだ。長男の小学校でも、春と秋にはよく自然学習がある。いい取り組みだと私も思っていたが、それは大人の勝手な希望、もしくは妄想だったようだ。

おそらく近いからだろうが、長男の小学校は、私の通うJ教育大学の影響を強く受けており、関わりが深い。長男たちは小学校の授業で、大学の敷地内にある緑豊かな小道へ行き、グループで自然学習をするらしい。普段、私は長男の学校の授業にはあまり関心がない。しかし、九月第二週目の日曜日、この日は雨だったので、長男は同級生の友人たちと我が家でゲームをして遊んでいたのだが、そのとき聞こえてきた彼らの何気ない会話に、私は関心を持った。

「明日の自然学習、嫌だな。明日も雨降らないかな」

「うわー、明日自然学習あったね。自然学習、いつもだるくね？」

「うんうん。だるい。マジで雨降ってほしい」

長男がこんなに授業を嫌がるのは、昨年のスキー体験や、幼稚園の水泳のときぐらいであり、なかなか聞かない。

「学校の外に出て遊べるなんていいやん。何が嫌なん？」

リビングで畑中さんと研究の打ち合わせをしていた私は、おもむろに彼らの会話に入り込んだ。突然隣の部屋から声をかけられた長男は、こちらを見て友人たちと顔を見合わせた後、「だって自由にできないし、好きなことをしたら怒られるからね」と言ってきた。長男の友人たちも、うんうん、とうなずいている。「自然学習やろ？　ありのままの自然を学ぶんとちゃうの？　何で怒られなあかんねん」と聞くと、長男はランドセルから一枚のプリントを取り出し、私に見せた。そこには、「ひみつきちを作る」と長男の字で書いてあり、秘密基地の設計図らしきものが描かれていた。「……秘密基地って、授業のプリントに堂々と書いた時点で秘密ちゃうやん」と長男にツッコミを入れた。すると長男は、「だって、何か書かないといけないから。グループで何しようかって話になって、秘密基地を作るって言ったら先生が納得してくれたし」と答え、長男の友人も「付き添いの大学の先生らが一番楽しそうにしているけど、俺らは楽しくないんです」と言った。それを聞いた畑中さんは大笑いして、「大人に気を遣いながら自然学習か。「さあ、今日も大人たちが喜ぶから、頑張って自然体験しよう」と言って、そこから学べるものはなんだろう」と言った。

畑中さんが一番嫌う教育は、児童生徒を主役とせず、先生や研究者が主体となる教育実践、すなわち、大人の自己満足に終始する教育実践である。畑中さんが言うには、毎年同じ教育実践をやり続けると慣例化して工夫がなくなり、このように子どもたちが取り残されやすくなるそうだ。慣例化してしまい、先生がよく考えることなく授業をすれば、子どもはさらに考えることを止めてしまうだろう。この自然学習は、まさに畑中さんが嫌う教育実践の典型である。

一方、長男は「まあ、でも頑張るよ。明日、軍手がいるんだけど、ある？」と半ば諦めたように聞いてきた。大人っぽい発言から、長男の成長を感じた。

「頑張った」長男

翌日はすっきりとしない曇りの日ではあったが、予定通り自然学習が行われたらしい。その証拠に、長男は泥まみれの姿で帰宅してきた。まるで、昔のクイズ番組の「○×クイズ」で、不正解者が破った壁の先で泥のプールに落ちたかのような姿だった。身に付けていた靴、靴下、上着、ジーンズすべてが泥で変色していたのには私も驚いた。「ありえへんぐらい泥だらけやな。そんな熱心に自然学習したんか?」と、泥だらけの長男の服を洗面所で手洗いしながら聞いた。長男は隣の風呂場でシャワーを浴びながら、「……溝に落ちただけ。最悪だった」と淡々と答えた。大人っぽくクールに答えるのはいいが、三八年間生きてきた私ですら見たことがない泥だらけの姿で、玄関に呆然とたたずんでいた数分前の長男とはギャップがありすぎる。もう少し詳しく説明してもらいたい。

詳しく聞けば、大学敷地内の自然豊かな道を歩いていると、滑って溝に落ちたそうだ。溝といっても、かなり幅も深さもある、大きな溝である。しかも、昨日の雨により、泥水であふれていたそうだ。水泳嫌いの長男だが、このときは水泳のお手本のように美しく顔面から飛び込んだらしかった。大きな怪我がなくてよかったが、あまりに想像のつく展開で、面白すぎる。

「体張ってボケたんか。ほんまに頑張ったな」と大笑いする私に、長男も一緒になって笑った。ただ一つ、保護者として不満があるとすれば、大学敷地内にある我が家は近いのだから、これほど泥だらけなら、一度着替えに帰してもいいのではないか。長男もそう希望したようだが却下されたらしい。結局、長男は泥だらけのまま自然学習を行い、目の前にある我が家を素通りして、片道二五分かけて学校へ戻り、授業を受け、給食を食べ、また帰宅してきたわけだ。二時間目の午前一〇時頃に泥だらけとなった長男の服は、帰宅し、私が手洗いする頃には、泥も固まりデザインかと思うぐらいに衣服と同化して、見事な迷彩模様となっていた。付き添っていた人たちは、泥だらけの長男を見て「おっ、自然を満喫してるな」と満足したのだろうか。いずれにせよ、泥まみれで頑張って学校で過ごした長男と、隣の席の子を褒めてあげたいと思った。隣の席の級友が泥まみれなら、一緒に過ごしたくないのは確かだ。

四　ヘリコプター搭乗と「最高のそば」

初めてのヘリコプター搭乗

九月中旬の日曜日、ヘリコプターに乗る機会があった。長野県にある、陸上自衛隊の駐屯地で乗ることができた。その駐屯地のトップである連隊長は、私が大阪にいるとき、広報室の幹部自衛官としてとてもお世話になった。私が新潟に来て一年が経った四月、隣接する長野県に駐屯地のトップとして異動してこられたのだ。その連隊長が、一度ヘリコプターに体験搭乗し、災害派遣活動における自衛隊の活動と現状をお子さんと学ばれてはどうか、と声をかけてくれた。どんなに忙しかろうが、そのような貴重な機会を断る理由はない。長男は、ヘリコプターに乗れると知って大喜びだった。次男は不安がっていたが、心配ない。幼稚園児は乗れないからだ。私は後学のために、と白井を誘った。白井も貴重な経験に大喜びだった。

私は陸上自衛隊には取材などでとてもお世話になっており、ヘリコプターだけではなく、戦車、護衛艦にも乗せていただいたことがある。興味がある人にとってはたまらなくうらやましい話かもしれないが、そもそも自衛隊員の乗る乗り物はどれも実務用なので、人間よりも様々な装備品を積載することが優先となり、結果、狭くて乗り心地が悪い。体験搭乗のたび、「こんなに乗り心地がよくないのか。こんな乗り心地の悪いなかで、よく粛々と任務をこなせるものだな」と感心したものだ。白井や長男もヘリコプターに乗れば分かるだろう。ついでに、せっかく長野に行くのだから、白井に体験搭乗後、美味しいそばの店と温泉を案内するようにお願いしたところ、快諾してくれた。

ヘリコプターの体験搭乗は受付が早いため、午前八時には駐屯地に着いておきたい。ゆえに、午前五時半頃に家を出る。子どもたちは気楽に車で寝ている。白井と私はコンビニとサービスエリアでホットコーヒーを買い、必死に眠気を覚ましながら長野へ向かった。無事、駐屯地に着くと、まずは連隊長へご挨拶に伺う。久しぶりの再会を、連隊長は心から喜んでくれた。

連隊長は、陸上自衛隊少年工科学校（現在は陸上自衛隊高等工科学校）という、陸上自衛隊の附属高校のような学校を出ている、根っからの陸上自衛官である。親に経済的な苦労をかけないように、学費が無料である少年工科学校を進路に選んだそうだ。卒業後、昼間は自衛官をしながら、夜間大学に通い、仕事と勉学を両立した努力人でもある。そのような苦労人の連隊長だから、普段はとても温厚で、誰とも平等に接する人柄がにじみ出ている。一方で、しっかりとした考えを持っており、私が尊敬している人物の一人だ。連隊長は子どもたちに自衛隊のグッズを用意して、プレゼントしてくれた。子どもたち、特に長男は大喜びだった。

さて、ヘリコプター搭乗であるが、乗る前の手続きは厳重である。事前に搭乗者の血液型などを記した申告書類も提出せねばならない。クリスマスデートのときに乗るような、気楽なものではないのだ。そして私は、長男や白井とは一緒に乗らず、市や県の関係者、そしてメディア関係者などと一緒に乗ることになっている。白井や長男は私の後、一般の搭乗となる。今回乗るヘリコプターは「ＣＨ－47」と呼ばれる機体で、二〇一四年に噴火した御嶽山において、災害派遣要請により救助に向かう際に使用された大型輸送ヘリコプターである。その際には、火山ガスで視界が悪い状況にもかかわらず、ヘリコプターが空中で停止してとどまる「ホバリング」の技術の高度さが世界中で称賛された。ヘリコプター内の両端には椅子があるが、やはり装備品などが最優先なので、乗り心地がいいものではない。

私の体験搭乗が先に終わり、いよいよ長男と白井の出番となった。私は次男と地上で彼らを待つ。次男は私が乗ったヘリコプターが飛び立つとき、白井や長男と地上で見ていたようで、「お父さん、すごい音と風だったよ」と興奮気味に言ってきた。当然だが、離陸するヘリコプターは間近で見送れるわけではないので、案内係の隊員が安全なところへ我々を誘導してくれた。それでも大きな音がする。あんな大きな鉄の塊（かたまり）を空に浮かべるのだから、たいへんな動力が必要である。乗れないはずの次男も大はしゃぎで離陸を待つ。しばらくすると、空に白井と長男が乗るヘリコプターが見え、すぐに遠くへ飛んで見えなくなった。次男が「白井さん、あれに乗ってるの？」と聞くので、「たぶんな」と答えた。

二〇分ぐらい待っただろうか、遠くからブンブンと音がし、その音が大きくなってくると、ヘリコプターが戻ってきたのが視覚でも確認できた。着陸するヘリコプターを見た次男が「かっこいいね」と興奮気味に言ってきた。「乗りたかったか?」と聞くと、「いや、いい」と即答された。初めて実物のヘリコプターを見たのは楽しいが、乗るのは怖いらしい。そして、長男と白井が戻ってきた。長男はとても楽しかったようで、「自衛隊のヘリコプター、すごいね」とやはり興奮気味に言ってきた。白井も、「ありがとう。マジでいい経験ができたわ」と感動していた。連れてきてよかった、と思った。

その後、貴重な体験をさせてくれた連隊長へお礼を言うため、再び司令室へ行った。長男がお礼を言うと、連隊長は喜んでくれてよかった、と笑顔を浮かべた。しかし、すぐに私の方へ真剣な顔を向けて、こう言った。「実は問題もあるんです。自衛隊のヘリは長年、なかなか民間の施設に着陸する許可が下りないのです。そもそも自衛隊のヘリは、災害などが起きて、民間のヘリだと危なくて飛ばせないとき、出動がかかります。どんなに高い操縦技術があっても、自然災害などで天候が悪条件となっているときは、きわめて危険な状態のなかでヘリを飛ばします。それなのに、危険な状態でも、民間の空港などに着陸できない。私の先輩はそれで着陸できず、結果ヘリが墜落し、命を落としました。自衛隊のヘリを臨機応変に着陸できるよう働きかけて、自衛隊員の命を守りたい。これが、退官の近い私の最後の仕事になるでしょう」。初めて会ったときと変わらぬ目力と強い志を持った、いつも通りの言い方であるが、私には強く伝わった。白井も真剣な顔で聞いていた。

自衛隊は、その実情が国民には正しく伝わりにくい。現場の人々にも思うところはあるだろうが、彼らは日々技術を磨き、粛々と目の前の任務をこなすだけである。それがプロフェッショナルだと思うし、私はそこに共感し、敬意を持つ。そして、彼らが求めているのはあくまで現場への理解であり、そこには美化も批判も不要だ。そんな本音を以前、連隊長や他の幹部自衛官から教えてもらえた私は、メディアに携わる人間として幸運だった。

「最高のそば」を求めて

体験搭乗が終わり連隊長と別れ、駐屯地を出た我々はそばを食べに行くことにした。この日のために、白井が一生懸命「最高のそば屋」を探してくれたのだ。白井の言う「最高のそば屋」は、駐屯地から車で三〇分ぐらい行ったところにある信州そばの店だった。着くとすでにお昼の営業が終了しており、閉まっていた。普通の店ではまだまだお昼どきで、営業しているはずの時間である。次は一七時からの営業であるという。売り切れたのだろうか、いずれにせよ我々の期待もさらに高まる。もしあまり美味しくなかったら、白井にご馳走してもらおう。

夜の営業まではかなり時間がある。しかし、ここでしっかり腹を満たせば、夕方お腹が空いていない状態で最高のそばとめぐり合うことになってしまう。それだけは避けたい。我々は近くの大型の商業施設へ向かい、そこで軽食を兼ねて時間を潰すことにした。

商業施設にある店舗案内の看板を見て、まずはパン屋へ行くことにした。焼き立てのパンを一人一つずつ買う。長男は普段からよく食べるので、明らかにパン一つでは物足りない様子だ。しかし、「最高のそばを食べるんだから、我慢しないとね」と、長男はまるで自分自身に言い聞かすように私に言った。長男は「食」とは何かを分かっているようだ。立派な成長を感じた。対して、次男は「食」に興味がないが、麺類は好きだ。だが、次男が好きなのはラーメン、そうめん、うどんなどで、そばはあまり好まない。白井の推薦するそばであっても食べない可能性がある。

パンを購入した後、我々は椅子に座ってパンを一つずつ食べた。たったパン一つで空腹が満たされることなどない男たちは、食後すぐにゲームセンターへ向かい、時間を潰すことにした。コインゲームやクレーンゲームをして遊び、空腹を紛らわす作戦である。すべて最高のそばのためである。私と白井は、それほどそばが好きなのだ。

何度か記しているが、私は中学、高校とゲームセンターにこもっていた。そのためか、クレーンゲームも得意で、実家には、昔ゲームセンターで獲得したおもちゃなどの戦利品が多く眠っている。今回のゲームセンターでも「昔取った杵柄」でたくさんの戦利品を獲得した。しかし、今回の戦利品はおもちゃではなく、お菓子である。空腹のせいか、本能的におもちゃより食べ物を取りたくなっていたのかもしれない。獲得するたび、我々は大人子どもの境目関係なく歓喜の声をあげ、満足していた。ゲームセンターでもらった大袋が二つともパンパンになるほどのスナック菓子やチョコレートを獲得した。子どもたちも、父親としてではなく、一人の人間として私を尊敬してくれているようだった。皆が空腹のなか、次々と食べ物を獲得する様子は、ある意味で英雄だったらしい。

そんななか、さっそく次男が動いた。私と白井が持つお菓子の袋を覗き込み、「このお菓子が食べたい」と言い出した。「もう少ししたらそばを食べられるから我慢して」と言っても、「そばはいらない」とごねる。先ほどから次男に狙われている気はしていたが、「そばはいらない」を口実にお菓子を食べる権利を主張し始めた。「じゃあいいよ。でも、ここじゃなくて車の中に戻ってからな」と言い、ちょうどいい時間になっていたので、我々は車に戻った。次男は私の戦利品のスナック菓子を、ボリボリなのか、サクサクなのか分からぬが、美味しそうに食べ始めた。それを見ていた腹ペコの長男も、「僕も食べたいな」と呟いた。「今から最高のそばを食べに行くんだから、我慢したら」と返したが、長男も空腹の限界を超えていたようで、「少しだけだから」と言って譲らない。「好きにしたら」と答えると、長男も次男と競うようにスナック菓子を食べ始めた。運転席の私と助手席の白井は、後部座席の様子を振り返ることなく、彼らがお菓子を貪り食っている音と、車内に漂う匂いにひたすら耐えることになった。互いに言葉は交わさなかったが、私は音楽をかけ、白井は助手席の窓を開けて、最高のそば屋に向かった。

「想定外」の息子たちの食べっぷり

商業施設から車で一〇分程度走り、再び例のそば屋に戻る。あと数分で開く。一番乗りかと思っていたが、すでに老夫婦と、おばあさんを連れた中年夫婦、二組の客が並んでいた。「こんな田舎で、年を重ねた方々が並ぶほどの店だ。美味いに決まっている」と期待が高まった。数分後、若い女性が店を開け、我々を案内してくれた。

期待通り美味いおそばを食べることができそうな、落ち着いた雰囲気のお店である。しかも、私も白井も空腹の限界である。私と白井は四十年近く生きてきた経験豊かな大人なので、子どもたちのようにゲーセンで取ったお菓子などで安易に空腹を満たすような行動はしない。しかし、腹を減らしている。お菓子をひたすら食べている息子たちがうらやましくなるほど空腹であったのも確かだ。後部座席をあえて振り返らなかったのはそのためだ。白井も同様だろう。私と白井は、さっそく「もりそば大盛り」と店主お勧めの「親子丼」を注文した。長男は車内で食べたお菓子で空腹をある程度満たしたのか、普通の大きさのもりそばだけを注文した。次男はいらないようなので、私のそばを少しあげることにしよう。

しばらくすると、待望のそばと親子丼がやってきた。そばは、うすい緑色に輝いており、まごうことなき「本物」の一〇割そばであった。「いらない」と言っていた次男ではあるが、記念に一口あげることにした。すると、そばに興味がないはずの次男は「美味しい。もっとほしい」と言い始めた。つい、「そうやろ、美味いやろ。これが本物のそばやで。好きなだけお食べ」と言ってしまった私が甘かった。そばに興味がないはずの次男は、上手に箸を使い、私の大盛りのもりそばを、そば通が食べるようにズルズルと勢いよく食べ始めたのだ。あれだけ菓子を食べていたのが嘘のようである。私がまだ一口も食べないうちに、あっという間にそばはなくなった。しかも次男は、「おかわり」と私に言ってきた。

もちろん、おかわりするに決まっている。ただ、最高のそばは、お値段もなかなかのものである。もりそばは大盛り一つで一〇〇〇円以上する。そんな私の高級そばをあっさりと完食し、おかわりまで要求する次男の行動は、私にとっても私の財布にとっても「想定外」だった。私は「大盛り頼むから、次は半分こしような」と冷静を装って、次男が食べる様子を鑑賞することしかできていない、幻の最高のそばを追加注文した。白井は、次男の想定外の行動を見て笑っていた。次男が美味しそうに食べる姿は、この店を探した白井にとって嬉しいものにちがいない。

そばを待つ間、私は店主お勧めの親子丼を食べるか誠に迷った。あくまで最高のそばを食しに来たのだ。いくら店主の勧めであろうとも、まだ一口もそばを食べないうちに丼を食べるのはいかがなものだろうか。悩んでいると、長男が「美味しかった」と言ってきた。長男もあっさりとそばを食べ終わったようだ。結構なことだ。しかし、長男は私の親子丼を覗き込むと、「お父さん、ぼくもこれ、食べたいな」と言ってきた。店主自慢の親子丼は一つ一五〇〇円以上する。追加で注文されたら最後、私の財布は、さらなる想定外のダメージを受けて「戦闘不能」に陥る可能性すらある。悩んだ末、「……お父さんのあげるわ」と言うと、長男は「ありがとう」と感謝を述べ、遠慮することなく親子丼を食べ始めた。空腹で限界を迎えるなか、長男や次男が食べる姿は、普段美味しそうにみえるテレビCMをはるかに超えて美味しそうな「食べっぷり」であった。私は入店してからまだ何も食べていない。とりあえず、そば茶をすすった。優しいがコクの深いそばの味が、私の空っぽの胃を刺激した。

目の前からあらゆる料理が一口も食べることなく消えてゆく。しばらくして、大盛りのざるそばが来た。しかし、またもや先に次男が食べ始める。三分の一ほど食べると満足したのか、「もうお腹いっぱい。お父さん食べて」と言ってきた。空腹の私は、「ありがとう」といったい何に感謝しているのか分からぬまま、次男の残したそばをすすった。最高のそばは香りがよく、実に美味しかった。白井は、すでにそば湯に入っていた。あっという間に私のそばはなくなり、そば湯を堪能するうちに並ぶ客が出始めたので、早々に会計を済まして車に戻った。運転する前に、「さっきのゲーセンで取ったお菓子、お父さんにちょうだい」と言うと、長男がゲームセンターの袋を渡してきた。覗き込むとチョコレート、ラムネ、スナック菓子でいっぱいだ。たしかに最高のそばを食べることはできた。しかし、この全く満たされない気持ちは何だろうか。私のお腹も財布も、息子たちの「想定外」の行動によって空になったからだろうか。そう考えながら、とりあえずチョコレートを数個口に含む。そして、「……白井、次はお前の勧める温泉に連れて行ってくれ」と頼んだ。満腹の白井は「分かった。ええとこがあるねん」と元気よく答え、古いナビゲーションよりも正確で、道を知っている白井のナビゲーションが始まった。出来るだけ早くこの場所から離れよう。長男は自衛隊のヘリコプターを、そして次男は最高のそばを経験して、二人とも「本物」を知ることができた貴重な一日だった。

翌日、子どもたちがこぼした菓子の食べカスによって座るとザラザラ、隙間にもスナック菓子のカスがビッシリ詰まった後部座席を掃除するため、近所のコイン洗車場にあるコイン掃除機へ一人向かったことも追記しよう。

出前授業と私たちの学び

九月中旬より、国際インストラクター事業による出前授業が始まった。畑中さんと私が、共同研究している理論をもとに授業づくりをし、三校の小中学校で行う。注目すべきは、二校目の小学校では畑中さんも授業者となり、「畑中先生」の授業を実際に見ることができる点であった。二校目の小学校での出前授業では、畑中さんが一時間、私が一時間授業をすることになった。この日は（K教授ではないが）大学の先生も監督者として見に来ていた。結果から言えば、当たり前だが、畑中さんは見事な授業をこなしていた。やはり畑中さんはすごいな、と私だけではなく、川島さんや南場も感心していた。同行していた大学の先生も、「うちの子どもの通う学校でもやってほしい」と賛辞を贈ってくれた。そんなこんなで、無事に畑中さんと私の出前授業が終わった。まだ三校目の小学校も残っているが、二校目で畑中さんと授業ができたことは、私にとってもいい経験になり、思い出にもなった。

第七章　二年目の秋

カブトムシの幼虫と韓国訪問

一　秋、カブトムシの幼虫

最後の新潟の秋

新潟の秋は短く、一〇月だけであると言っても過言ではない。でも私は、この秋が一番好きだった。暑くも寒くもなく、本当に過ごしやすい新潟の秋の訪れを私に肌で知らせてくれるのは、気候ではなく「水」だ。水道の水がだんだん冷たくなってゆき、手洗いするたびに、涼しくなったことを知らせてくれる。そして一一月になると、ある日突然、水がものすごく冷たく感じられ、冬の到来を知らせてくれる。そして冷たかった水がしだいに温かくなるにつれ、少しずつ春の訪れを感じるのである。

大阪にいたときはマンションに住んでいたから、給湯器が常についていて、一年中同じ温度の水が提供されていた。しかし、このJ教育大学の宿舎は、施設が四〇年ほど古く、給湯器も室内にあるため、つけると自動で換気扇が回る。冬は換気扇が回れば室内に冷気が入ってくるし、換気扇を止めれば一酸化炭素中毒になるため危ない。しかもお湯が出るまで時間がかかる。また、給湯器は台所だけなので、洗面所はお湯が出ず、「水」だけである。しかし、その不便さこそが私に新潟の季節感を与え、子どもたちの衣替えのタイミングを教えてくれる大事な情報源の一つになった。

さて、私にとって新潟で最も過ごしやすい季節である秋はやってきたが、大学院では季節の過ごしやすさとは関係なくやることが多くあった。まずは修士論文である。修士論文を完成させなければ、修士号の取得はできない。その論文の中間発表も一〇月である。研究の進捗状況を、同じコース内の大学院生や教授たちの前で発表しなければならない。私の場合、三月に訪問した台湾での取材をもとに執筆した記事を修士論文に使用するので、新聞社に新聞紙面の使用許可を申請しなければならなかった。自分で書いた記事の使用許可を申請するのも不思議な感覚であった。新聞社へ連絡して用紙のフォーマットをメールでもらい、提出し、すぐ許可をもらった。

もう一つ重要な提出物がある。私は教員免許取得プログラムも受けているが、通常は川島さんのように、大学院へ三年間通うことになる。しかし私は二年間で修了する必要があるので、一年短縮するために「受講取消申請書」を大学に提出せねばならない。そうしないと、修士論文を提出できず、修士課程を修了できなくなり、もう一年間新潟で過ごすことになる。これはかなりまずい。すぐに書類を記入して提出した。教員免許の取得に必要な単位もほぼ取得したので、このまま残り数単位を取れば、新聞社を辞めても教師になれる資格を得られるだろう。

この頃になると、私は学問よりも提出物の不備や出し忘れの方が心配で、修士論文の中間発表など、たいして問題ではなかった。畑中さんとの共同研究のついでに修士論文も進めていたので余裕があったのである。おそらく来年一月に提出する予定の修士論文は一一月には書き終わるだろう。それよりも、一一月に韓国で行われる国際学術学会での発表の方が心配である。宿泊施設は韓国の大学側が用意してくれるが、航空機のチケットは各々で予約せねばならない。畑中さんも発表のために韓国へ行く許可がN県から下りたらしいので、我々は一緒に航空券を予約した。関西国際空港から一緒に飛行機で行くことにしたのである。子どもたち、そして畑中さんと一緒に大阪の実家へ戻って我が家で一泊し、翌日、畑中さんと関西国際空港へ電車で向かい、同じ飛行機で韓国へ行くことになった。

次男とカブトムシの幼虫

そんな感じで、学問よりも手続きの方に追われていた一〇月下旬のある朝、朝一番に大学へ提出しなければならない書類があり時間がなかった私は次男を連れて急ぎ足で幼稚園の校舎へ向かっていた。しかし、校舎へ向かう通路に、カブトムシの大きな幼虫をみつけて思わず立ち止まった。「カブトムシの幼虫やんけ。こんな時期に外におるのは珍しいな。本当は土の中に潜るんやで。こんな道路の真ん中におれば誰かに踏まれるな」と次男に言うと、次男はカブトムシの幼虫を軽く触った。しかし、興味なさそうに通路の端に置き、再び幼稚園の校舎に向かった。

J教育大学附属幼稚園は、私のような朝早くから授業のある大学院生や共働きの保護者のために、朝の預かり保育も行っている。年長組で通年利用しているのは次男だけであるが、年中、年少の幼児も数名利用している。朝の保育で面倒をみてくれる先生は、同じ大学院で幼児教育コースに所属する男性の大学院生で、一緒に授業も受けたことがある顔見知りであり、安心できる。若いのに考えもとてもしっかりとしていて、優秀であった。いつも通り次男を預けて、私は早々に大学へ向かった。

そして夕方、次男を迎えに行くと、次男はガラスの小瓶を大事そうに持っていた。「何だ?」とよく見ると、今朝通路の真ん中にいたカブトムシの幼虫だった。担任の先生が言うには、朝、幼稚園が始まると、次男は一人で外に出ていき、しばらくすると戻ってきて、「カブトムシの幼虫が道の真ん中にいる」と言い、担任の先生を連れて、カブトムシの幼虫を保護しに行ったらしい。そして、誰かに踏まれるといけないので入れ物が欲しいと言って、先生が渡してくれた土入りの小瓶にカブトムシの幼虫を入れて、一日中観察していたそうだ。

私と一緒にいたときは、次男は幼虫に興味がないように見えた。しかし、ほかの人に踏まれないように通路の隅に置き、幼稚園が始まると状況を確認しに行って、また道路の真ん中に移動していた幼虫を保護しようとしたのだ。ただ、担任を連れていかないと、まだ一人ではどうすることもできないようである。つまり今朝は、時間がなく急いでいる私に気を遣って、いったん道の真ん中にいるカブトムシの幼虫を端まで緊急避難させ、その後、生存を確認し、先生を連れて保護しに行ったのだろう。そうだとすれば、なんという成長だろうか。あるいは、昔からこういう感性があったのを、私が気づかなかっただけだろうか。いずれにせよ、とても感動した。帰り道、次男はカブトムシの幼虫に興味津々で、ずっと小瓶をのぞき込みながら歩いていた。

「お父さん、めっちゃ嬉しいわ。帰ったらカブトムシの育て方、調べような」と言うと、「うん」といつもの返事が返ってきた。秋の新潟の夕焼けはとてもきれいで、私にとってとても嬉しい思い出となった。

二　痛む足で韓国へ

激痛のなかでの帰阪

一一月初旬、いよいよ国際学術学会での発表のため、韓国へ行くこととなった。畑中さんも私も、初めての韓国である。しかし、新潟から大阪へ戻る前日、私の足は原因不明の痛みに襲われ、なぜかパンパンに腫れてしまい、私は激痛に苦しんでいた。足の甲が腫れて痛み、歩くことも厳しい。湿布を貼ったが、全く効かない。身体が嫌な予感を察知して、「行くな」という「虫の知らせ」を発しているのではなかろうか。そう考えてしまいそうになるくらい初めての経験であり、痛みだった。しかし、行かないわけにはいかない。今回の渡韓は、私抜きでは考えられない。畑中さんを一人で韓国に行かせるわけにはいかないのだ。

「幕末攘夷志士」である畑中さんは、英語や韓国語など、あらゆる外国語を「一切話さない」と断言している。私が行かない場合、畑中さんなら、学術学会発表をドタキャンする、日本語で強引に発表する、何も喋らずプロジェクターに資料だけ投影して終わる……どれもやりかねない。では、畑中さんも韓国に行かなければいいのでは、と思うかもしれないが、それはそれでよくない。畑中さんは、県から許可を得た以上、韓国に行かなければ虚偽申請の疑いがかかるそうだ。つまり、私を連れて韓国に行くことが大前提であった。どうやらそれは畑中さん本人が一番よく分かっていたようで、畑中さんは、転がって痛がる私に「早く大阪に行きましょう」と言って急かす。このときの畑中さんはまさに、「荒療治」の「鬼軍曹」のようであった。

結局予定通り、私は畑中さんを連れて帰阪することになった。車を運転するときははだしであり、歩かない分痛みはまだマシだ。しかし、サービスエリアなどでトイレに行くときは地獄だった。足の痛みは全く消えない。武士の情けか、畑中さんは子どもたちの面倒をいつも以上にみてくれている。しかし、私には「大丈夫？」という言葉の一つすらかけるそぶりもない。いくら絶対に私を韓国まで連れて行かなければならないとはいえ、あまりに露骨な態度である。しかし、私だって、激痛に負けてトイレに行かず、我慢の限界を超えて子どもたちの前で漏らすわけにはいかない。床を這ってでもトイレに行かねばならないのだ。手すりがある道を選びつつ、体重をかけて手すりを持ち、手すりがないところは片足でケンケンをしながら、時間をかけて何とかトイレへ行き、用を済ますことができた。

そんな厳しい状況のなか、我々は何とか大阪に着いた。車を我が家の近くにあるコインパーキングへ入庫し、六時間半ほどの運転が終わった。車を降りると、畑中さんは私ではなく、子どもたちに我が家を案内させ、私を置いてさっさと我が家へ向かっていった。しかし、やはり武士の情けだろうか、私の荷物は持ってくれていた。

彼らに遅れて、痛みに耐えながらゆっくりと実家に戻ると、私の父母、つまり息子たちにとっては父方の祖父母が、リビングで畑中さんと談笑していた。テーブルの上にはお茶とお茶菓子があり、畑中さんはすでに半分ほど平らげていた。母は私を見ると「足、大丈夫なの？　畑中さんがずいぶんと心配してくれてるわよ」と声をかけてきた。いったいどの畑中さんだろうか。少なくとも、六時間半の往路で一緒にいた畑中さんは心配顔一つ見せなかったはずだ。しかし、母のセリフにお茶をすすりながら畑中さんはしきりにうなずいている。ややもやする気持ちを切り替えようと「……キャスター付きのカバン出してくれんかな」と言うと、「もう出してるわよ」と準備のいい母が答えた。キャリーバッグにスーツやパスポートなどを入れた私は、まずは風呂に入り、夕飯を食べて早く寝ようと決意した。足の痛みが消えようが消えまいが、とにかく、明日、我々は韓国へ向かうのだ。

「鬼軍曹」との出国

昨日は湿布を貼って早く寝た。しかし、今日も足の激痛は治らない。片方の足をかばいすぎたせいか、なんならもう片方の足も痛んできている。両足が激痛に見舞われているのだ。やはり「行くな」という虫の知らせ以外考えられない。しかも両足に湿布を貼ってはいるが、サンダルを履いていた昨日までとは違い、今日は革靴を履いて韓国へ行かなければならない。両足が痛むなか、革靴など履いた日には、痛みの相乗効果は相当なものだった。

畑中さんは、私の父母に一宿一飯の謝辞を述べると、「さあ、早く空港に行きましょう」と笑いかけてきた。昨日、新潟で痛みに耐えて横たわっていた私に言ったセリフとほぼ変わらない。向かう場所が違うだけだ。ということは、今日も「鬼軍曹」による「荒療治」が行われることは何となく分かった。しかし、昨日、一昨日と痛みが続いて慣れてきたのか、昨日までのように歩けないほどではない。とはいえ、昔やったロールプレイングゲームで「毒」にかかったキャラクターのように、数歩進むたびに痛みが体に伝わり、ダメージを感じた。

我が家から関西国際空港へ行くには、地下鉄に乗り、南海電車の特急「ラピート」に乗り換える。畑中さんは電車の乗り換え待ちの最中に見つけたパン屋で五つほどパンを購入し、ラピートの車窓を楽しみながら三つほど食べていた。空港に着いてチケットを受け取り、手続きを済ませ、いよいよ韓国へ行くために、我々は飛行機に乗り込んだ。もう戻れない。行くしかないのだ。

関西国際空港から韓国の金浦（キンポ）国際空港まで飛行機で約二時間。新幹線で新大阪から東京まで行くよりもかかる時間は短い。そんな短いフライトにもかかわらず、離陸してすぐに昼食が出てきた。ラピートの車窓につられて三つもパンを食べた畑中さんが後悔する表情を見るのはせめてもの憂さ晴らしであった。韓国のビビンバのようなものが入ったお弁当だった。美味かったし、何よりも無料である。畑中さんも、もったいないからと無理して食べていた。畑中さんは、腹に収めた三つのパンのほか、残り二つの日本製パンを韓国に「輸入」する。いつ食べる気だろう、非常食にでもするつもりなのだろうか。飛行機に乗り、宙に浮いたためか、私の足の痛みも多少和らいでいた。

上級者ルートでホテルへ

韓国の金浦国際空港へ到着した。私も畑中さんも韓国は初めてである。事前にK教授から、
その① 空港からソウル市の駅まではタクシーで行く。
その② ソウル駅から特急電車に一時間ほど乗る。
その③ 初めてで不安であれば、特急列車を降車後、少々高くなるが駅からホテルまでタクシーを利用すればよい。
というありがたいアドバイスをもらっている。K教授は大学などで講演を依頼されていたため、数日前に韓国に着いており、今日は研究室の他の大学院生たちと韓国の小学校や中学校を見学しているらしい。そのなかには、明日の学術学会で発表予定であり、昨日から韓国入りしている川島さんもいるはずである。

初めてで不安な私たちは、K教授のアドバイスその①、その②を忠実に実行した。残すはその③だけである。少々高くてもタクシーを利用すべきだろうか。もちろん利用するに決まっている。足の痛みは今朝に比べ大分マシにはなったが、「昨日の今日」である。足を痛めながら無理して歩くことで、また翌日悪化してはいけない。

しかし、畑中さんは何を思ったのか、「タクシーではなく鉄道で行きませんか?」と私に提案してきた。

「はい?」

「いや、せっかく来たので、鉄道で移動しませんか。そんな遠くでもないようなので」

「我々、道を知らないのに、最寄り駅からどうやってホテルまで行くんですか?」

「大丈夫ですよ。私がスマホで調べながら連れて行きますから」

ここ数日の足の痛みのせいか、それとも日本で「鬼軍曹」の畑中さんに受けた「荒療治」のせいか分からないが、私も思考力が低下していたのだろう。「連れて行ってくれる」という言葉を聞いた私は、「畑中さんから優しくされている」と勘違いしてしまった。そして我々は、K教授の勧める初心者ルートのタクシー利用ではなく、全く予定になかった上級者ルートの地下鉄に乗って、ホテルに向かうことになったのだ。

異国の街で迷子

そして、どうなったか。案の定、私たちは道に迷ってしまった。頼りになるはずの畑中さんのスマホがうまく動作せず、今どこにいるのかすら分からない状態となった。私の携帯は、昔のいわゆる「ガラケー」なので役に立たない。スマホの精度が悪いのか、大ざっぱなスマホなのか知らないが、畑中さんのスマホが示したホテルからの最寄り（であるはずの）駅に降り立ってみても、その周りには明らかにホテルの影も形もない。というか、周りに大きな建物すらなかった。ただし民家は結構あり、道を挟んで反対方向には大きな川がある。川の向こう岸には、ビル群が見えている。この大きな川を渡れば都会に入れるだろう。しかし、川のこちら側には、遠くにたたずむ大きなショッピングモールが見えるだけである。とりあえず、いったんそのショッピングモールへ向かうことにしたのだが、不運にも歩いている途中に大雨にあい、傘を持たぬ我々は目的地へ急ぐ。「急ぐ」と言っても、足の痛む私にとっては普段の歩く速度である。そしてびしょ濡れになりながらも、何とかショッピングモールに着いた。

しかし、この突然の大雨のせいなのか夕方だからなのか分からないが、ショッピングモールは多くの店が閉まっており、人が全くおらず閑散としていた。日も暮れて気温が下がってきており、雨に打たれた我々は寒気すら感じていた。しかも周囲に人がいないので、ホテルの場所を聞こうにも聞けない。そんな失望のなか、ショッピングモールの外側に一台のタクシーが停まった。タクシーに乗りたい。私は足の痛みを忘れて走り、タクシーの運転手にホテルの地図を見せて、英語で「ここに行きたい」と伝えた。しかし、運転手は手を横に振り、車から降りて、一軒だけ開いている地元の食堂らしき店へと消えていった。そうか、もう一七時頃なので夕飯時である……わけがない。何だ、このおっさんは。客が乗りたがっているのに乗車拒否も甚だしい。腹が立ったし、食堂の様子を見て、腹も減った。

それより、たしか畑中さんは私をホテルに「連れて行く」と言ったはずだ。結果はどうだ。役に立たない。畑中さんも畑中さんのスマホも全くもって役に立たなかった。韓国にいるにもかかわらず、英語も韓国語も喋る気配はなく、スマホを見ながら時折「やばい、バッテリーが切れそうだ」などと言っている。きれそうなのはスマホのバッテリーだけではない。私もだ。畑中さんと私は寒さに耐えながら、暗いショッピングモールの中を歩き続け、開いている店を探した。すると、モールの奥側に、一軒だけ若者向けの服屋が光を放っているのが見えた。よかった、開いていた。私は店に入り、地図を見せながら英語で「ここに行きたいので、教えてほしい」と若い女性店員に話しかけた。店員は地図に蛍光ペンを入れながら、丁寧に英語で説明してくれた。そして我々の「道しるべ」である蛍光ペンが入った「救いの地図」を受け取った私は「カムサハムニダ（ありがとう）」と言い、店員は「どういたしまして」と日本語で笑いながら答えてくれた。このような心温まる異文化交流があったことも、店外でショッピングモールの案内図を見ながら待つ畑中さんは知らないはずだ。だいたいホテルまで案内もできず韓国語も分からない者が、案内図を見て何になるのだ。スマホのバッテリーがなくなりそうなのでスマホも使えず、やることがないからとりあえず案内図を見ていた……というのはよく分かった。とにかく急いで行かなければ、教授たちも不着の我々を心配するだろう。

「道、分かりましたよ。この店で地図に書き込んでもらいました」

「よかった。素晴らしいですね」と畑中さんは平気な顔をして言う。

ところが、改めて地図を見ると、どうやら大きな川を渡らねばならないらしい。長い橋を渡るということは、まだまだかなり歩かなければならないということだ。雨は今止んでいるので、移動するチャンスではある。しかし、足が痛いなかで、なぜこのような仕打ちを受けねばならないのか。「荒療治」にも限度があるだろう。

ここで、思いがけない不思議なことがあった。橋を渡っている途中、また小雨が降ってきたのに気付いた途端、足の痛みが全くなくなったのだ。早歩きをする。痛くない。この川のもつ神秘的なパワーのおかげなのか、三日間の苦しみを越えて足がちょうど治ったのか分からないが、まさに「ミラクルコリア」であった。足が痛くないのであれば、この長い橋をゆっくり渡るメリットもないので、早歩きをする。「足、治ったかもしれません。急ぎましょう」と私が言うと、「それはよかったです。私の「荒療治」がよかったのかもしれません」と畑中さんが笑って答える。私は「……そうかもしれませんね。「荒療治」、ね……」とぼやきつつ、二人で大笑いしながら、小雨も気にせず橋を渡った。

渡ればすぐに目的地のホテルが見つかって、我々は無事にホテルに着いた。

予約がない？

ようやくホテルに到着した我々であったが、その後何事もなく滞在一日目を終えられたわけではなかった。ホテルに着くと、一八時を超えていた。ロビーにはチェックインの客が結構いる。畑中さんと私は、ロビーのフロントに二列に並び、それぞれフロントマンに自分の名前を伝えた。隣の畑中さんは部屋の鍵をすぐに受け取れたようだが、私の方のフロントマンはパソコンの画面を見ながら何度も私の名前を聞いてくる。そして、訝しげな様子で「No Your Reservation」と言ってきた。「予約されていない」だと？　どういうことだ。大学側が用意してくれているはずではないか。それを聞いた私は英語で「私はX大学の学術学会のため、日本から来た大学院生です。X大学がこのホテルを予約していると聞いているのですが」と伝えた。フロントマンは「X大学？　少しお待ちください」と言って、奥の部屋に入ってしまった。なんということだ。足の激痛に耐えながらはるばる韓国までやってきて、「鬼軍曹」畑中さんのミスリードで長距離を歩かされ、やっと着いたホテルでは「予約されていない」と言われるとは、どんな一日だ。まあ、泊まれないのであれば、畑中さんの部屋に一緒に泊まればいいだろう。足も治ったし、無事目的地に着いたのだ。「鬼軍曹」も、もう「荒療治」をする必要はないだろう。ちょうど畑中さんが「どうしたのですか？」と聞いてきたので、すぐに事情を説明した。畑中さんは笑いながら「足は痛いし、散々ですね。部屋がないなら私の部屋に一緒に泊まりますか？」と言ってくれた。やはり、優しい畑中さんに戻っている。

「ありがとうございます。でも、フロントに待つよう言われているので、待ちますよ」

「一緒に待ちましょう。あっ、K教授の名前を言って、K教授の部屋の鍵をもらったらどうですか？」

「ああ、それ、いいですね。マジで言おうかな」

「あっ、奥から出てきましたよ」

そんな会話をしているうちに、奥の部屋からフロントマンが出てきた。彼は私をフロント横のソファーに案内し、ここでもう少し待ってください、と言ってきた。私と畑中さんはソファーに座り、談笑をして時間を潰した。二〇分ほど待っただろうか。私と同じぐらいの年齢の女性スタッフが、何か用紙を持って英語で話してきた。彼女は副支配人であった。私から事情を聴くと、用紙をしばらく見つめ、ため息をつき、「ＯＫ」と言ってフロントから部屋の鍵を持ってきた。私に鍵を渡すと、用紙を見せ、「X大学の予約表にあなたの名前がなかったみたい。私もX大学卒業生だから。ごめんなさい」と丁寧な英語で話してきた。私が「No Problem、カムサハムニダ」と答えると、彼女は笑顔で「ありがとう」と日本語で答えた。

一段落であるが、結局チェックインに三〇分かかった。フロントの時計は一八時半を少しまわっている。畑中さんと部屋に向かおうとしたタイミングで、K教授と、川島さんなど同じ研究室の大学院生たちがホテルに戻ってきた。K教授は、私と畑中さんを見ると「無事に着きましたか。お疲れ様でした」といつも通りの笑顔で言ってきた。本当に「お疲れ様」であったので、K教授の優しく、しかし、軽い声かけがなぜか腹立たしかった。

コンセントが違う！

結局、私の部屋は畑中さんの隣の部屋であった。おそらく、大学側が予約の際、私の名前を間違えてホテルに伝えたのだろう。部屋に入ると、すぐに明日の発表資料の最終確認をしなければならなかった。パソコンを起動し、コンセントの差込口を探す。しかし、部屋に差込口がない。いや、あるのだが、しまった、昨年行った台湾は日本とコンセントの規格が同じだったが、韓国では全く違うのだ。韓国のコンセントも二つ穴だが、差込口が丸い。つまり、日本の電化製品を使うには、変換プラグが必要だった。すっかり忘れていた。先ほどのショッピングモールで探せばよかったか。しかし、足の痛みに耐えながら道に迷っているあの状態で、「そうだ、ショッピングモールに来たついでに、パソコンを充電するための変換プラグを買おう」などという思考に至るわけがない。パソコンのバッテリー残量を確認する。まだいけるが、明日の発表時にはどうなっているか分からない。そこで、私は手持ちのＵＳＢメモリーを取り出し、素早く資料を確認しつつ、小まめにＵＳＢへと保存することにした。ＵＳＢにさえ保存していれば、大学のパソコンを借りて差し込めば問題ないだろう。

部屋にはＷｉ－Ｆｉがつながっており、無料でインターネットに接続できるのだが、バッテリーの問題でパソコンを長時間使うことはできない。ゆえに、発表資料の確認は短期決戦だった。デスクに座り集中すること二〇分、ドアをノックする音が聞こえた。ドアを開けると畑中さんだった。彼は部屋に入ると開口一番、「Ｗｉ－Ｆｉは使えるのですが、充電できないんです。変換プラグはお持ちですか？」と聞いてきた。隣人も同じ時間、同じ条件で苦しんでいたようだ。

「私も同じです。フロントにプラグを借りられるか聞きましょうか？」

「そうですね。Ｋ教授が言っていた夕飯の集合時間も近いので、行きましょうか」

「行きましょう。なんだか、発表、どうでもよくなってきました」

「私なんか、日本にいるときからどうでもいいと思っていますよ」

と畑中さんは笑った。彼が「どうでもいい」という姿勢は私もよく分かっている。我々は一緒にフロントへ向かい、フロントに変換プラグはないかと尋ねてみたが、フロントにはなく、コンビニが近くにあるので、そこに行ってみては、と提案された。Ｘ大学の教授たちから夕飯の招待をいただいていた我々は、夕飯後にコンビニに行くことにした。

食事会が終わり、ホテルに戻る途中にコンビニに寄ってみたが、変換プラグはなかった。私は部屋に戻ってシャワーを浴び、日本から持ってきた湿布を貼って、さっさと寝ることにした。

三　初めての国際学会発表

国際学術学会での発表本番

畑中さんと私は、共同研究者として学術学会で発表する。ただし、英語で説明するのは私で、畑中さんはパソコンを使って資料のスライドの進行をコントロールする。川島さんのように一人で発表する場合は、英語論文の提出、発表当日のスライドコントロールや説明などをすべて一人で行わなければならない。それに比べれば、二人というのはまだ気楽である。しかし、不安は尽きない。始まる前に畑中さんと打ち合わせをする。

「我々の出番のとき、英語で質問が集中するかもしれない。私は英語が多少話せても教育分野の専門的な回答はできません。畑中さん、私が訳しますので、そのときは畑中さんの見解を教えてください」

「分かりました。大丈夫でしょう。例えば「総合的な学習の時間」などは日本独特の授業です。誰も理解できませんよ。理解できないものを質問しないでしょう」

「そうですよね。特に聞きたいことなどないですよね」

私たちは勝手に自己完結した。しかし、国際学術学会である。そんなはずがなかった。

我々の発表は上手くいった。私の説明に合わせた畑中さんのスライドのタイミングも完璧で、息が合っており、分かりやすかったと思う。しかし、そのせいか、質疑応答の時間になると、参加していた多国籍の学生や研究者、大学の先生より多くの手が挙がった。

「「総合的な学習の時間」は、日本にしかない授業だと思いますが、「総合的な学習の時間」と国語や社会などの教科との教科横断では、他教科の教科横断と比べて、生徒たちにどのような効果が期待できますか？」

「今回の研究テーマである「産学連携」は、日本ではなぜ進んでいないのでしょうか？」

「日本では「総合的な学習の時間」という授業をしないと体験学習などができないのでしょうか？　先生の裁量は、

どれくらいあるのでしょうか？」

「「総合的な学習の時間」という授業はどのような教科でしょうか？　成績評価はどのようにするのでしょうか？

テストで行うとしたら、どのような問題にするのでしょうか？」

「新聞教育に対するリテラシー教育としての効果を、日本の教育機関や教育現場はどれくらい理解していますか？」

など、様々な視点からの質問が相次いだのである。

　我々の研究発表は、「新聞を通じた「産学連携」による国際理解教育」をテーマとしており、「総合的な学習の時間」という授業を活用して、国語科の教科と併せて国際理解教育も行う新聞出前授業を実施した、という内容だった。それにしても彼らの質問は実に高度であり、「日本の文部科学省に問い合わせてください」と言いたくなる質問ばかりであった。しかし、そのような言葉、言いたくても言えるはずもない。我々も日本の教育学研究者の端くれである。逃げるような回答をしては、国際的な恥をかくだけだ。このときの畑中さんも研究者として真剣な表情をしており、私と同じ気持ちのようだった。しかし、質問の多さに我々は何度も目を合わせた。

　畑中さんに向けて質問内容を和訳し、畑中さんの見解を聞き、英訳する。しかし、質問の内容自体が難しい上、畑中さんの日本語の回答も専門的すぎて、日本語であれば私も理解できるが、英訳しづらい。英訳して説明しても、海外の大学教授は私の回答にさらに英語で質問する。それを畑中さんにまた和訳し、英訳する。そのやり取りの間が沈黙となって、雰囲気が悪くなってきた。しどろもどろで英訳する私では、時間内にすべての質問には答えられない……そう判断した一人の教授、C先生が立ち上がり、通訳を買って出てくれた。

　C先生は韓国の女性大学教授で、日本に留学して博士号を取得しているので、台湾に訪問した際に出会ったL先生と同様に、日本語も日本の教育専門用語も完璧に理解している。C先生は畑中さんや私の日本語での説明を聞き、素早く英訳し、時には韓国の学生に向けて韓国語でも通訳した。私が説明したときとは異なり、質問者は皆納得の表情を浮かべ、雰囲気もよくなった。このありがたい「助け舟」により、我々は無事に発表を乗り切ることができた。発表終わりには、会場からの拍手も頂戴した。よかった。とりあえずは無事に終わった。

まずは畑中さんと一緒に、通訳で助けてくれたC先生にお礼を言いに行った。C先生は笑顔で、「いえいえ、気にせずに。皆が興味を持ったのは、研究がいいからですよ。これからも頑張って」と流暢な日本語で答えてくれた。国際学術学会での発表は、日本の学術学会での発表よりもはるかに難しい。よくこのような貴重な経験をK教授はさせてくれたものだ。今回、J教育大学院からの発表者は、畑中さんと私、そして川島さんであった。

即座に帰国、大阪へ

畑中さんと私の発表が終わった後、昼食を挟み、午後に川島さんの発表があるらしかった。川島さんの研究発表「日本におけるグローバル人材育成の教育研究」を見たいところではあるが、我々は昼食も大学ではとらず、早々に帰国することになっていた。一八時頃の飛行機に乗り、二〇時頃には関西国際空港へ着き、実家に帰って子どもたちと合流し、二二時頃、皆を車に乗せて新潟に帰らねばならない。新潟に着くのは朝方、午前四時頃の予定だ。

なぜこのような強行スケジュールにする必要があったのか。それは畑中さんの事情であった。畑中さんの所属する県の教育委員会から、偉い方が新潟へやってくるらしい。「関東での用事のついでに訪問する」とのことだが、おそらくは畑中さんの様子を見に来るのが主目的だろう。私も昨年のこの時期、「出張のついでに」と上司が会いに来た。普段新潟へ出張などしない上司である。やはり心配で様子を見に来てくれたのだ。とにかく、畑中さんとの面会を希望する偉い方はその日しか都合がつかず、翌日の午前九時ごろには、畑中さんの身体は新潟にないといけなかった。

早く帰国しないといけないという我々の事情を知っていた大学の関係者がタクシーを呼んでくれていた。すぐに乗車し、駅に向かう。車で四〇分ほどすると、大きな駅に着いた。ここから特急電車に乗るのだが、遅延しているらしかった。だが、我々は慌てない。駅の屋台で、ホットドッグとコーヒーを買い、昼食をとりつつ列車を待った。特急が来たので乗車し、首都ソウルに向かう。約一時間後、ソウル駅に到着した。金浦国際空港までタクシーに乗ろうとしたが、乗り場にはタクシーが一台もいなかった。待っていてもよいが、あまり時間がない。そこで、地下鉄で金浦国際空港へ向かうことにした。昨日の畑中さんによる「気まぐれ」のおかげで、我々は韓国の乗り物に慣れたようだ。怪我の功名である。金浦国際空港へ着くと、ただちに帰国に向けたチェックインを済まし、飛行機の搭乗口まで進んだ。無事、一八時のフライトに間に合った。空港の売店で、翌年韓国の平昌（ピョンチャン）で行われる冬季オリンピックのグッズをお土産に買うことができるほどのゆとりすらあった。ただし、我々が期待していた機内食はなぜか出なかったため、ホットドッグだけで昼食を済ませた我々は、空腹に耐えながら帰国することになった。

今回の国際学術学会は明日までであり、K教授や川島さんなどほかの大学院生たちは、明日のシンポジウムに参加後、帰国するそうだ。彼らにとっては三泊四日のスタディ・ツアーである。一方で、畑中さんと私にとっては一泊二日の弾丸ツアーであった。結局、我々は学会発表をしに行っただけとなったので、「学術的な深い学び」では川島さんたちには及ばないだろう。でも、行き帰りの行程と学会発表と十分にスリルに満ちた「韓国初旅行」を、我々も負けず劣らず十分堪能することができた。

弾丸ツアーの終わり

たったの一泊二日の旅行であったが、関西国際空港に着くと、やはり母国・日本は落ち着く。台湾のスタディ・ツアーのときも同感であった。慣れた風景だからだろうか、日本語の看板を見るとホッとするのだ。しかし、それも束の間、ゆっくりしている時間はない。すぐに実家に戻り、新潟へと向かわねばならないのだ。

実家に帰ると、畑中さんはすぐにスマホの充電をはじめ、私は新潟へ帰る準備に取りかかる。子どもたちの衣服などを詰め込み、キャリーバッグを押し入れに戻して、予定より二〇分早い二一時四〇分ごろには、新潟へ出発できた。ここから六時間の運転が待っている。畑中さんは、「しんどいときは運転を代わりますよ」と言ってくれている。しかし明日、遠路わざわざやって来た偉い方と会うのに、眠そうな顔やしんどそうな顔は社会人としてはご法度だろう。し私は畑中さんに寝るように伝えた。それでも畑中さんは気を遣って起きていたが、日付が変わった頃、力尽きて、助手席で寝始めた。

運転して五時間ほど経ち、あと一時間で新潟へ着くという頃、私の疲れもピークに達した。とても眠くなってきたが、眠れば大事故である。そこで私は運転席の窓を開けて、音楽をかけて大声で歌いながら運転した。皆を起こすつもりはないが、黙っている方が単調な運転で眠くなり、余計に危ない。大声で歌ったが、私の歌声がよかったおかげか、誰も起きなかった。そして、無事に新潟へ戻れた。畑中さんは私に何度もお礼を言って自分の宿舎に戻っていった。まだ朝方なので、私は静かに子どもたちを宿舎まで連れて行き、布団を敷いて着替えさせ、寝かしつけた。そして、車の中の荷物を取りに行き、荷物を乱雑に部屋に置くと、私もシャワーを浴びてすぐに寝た。一一月、しだいに冬に近づく冷え冷えとした新潟の明け方である。子どもたちも布団をかぶってよく眠っている。

四　休む間もなく論文執筆

K教授の助手として、北海道への誘い

韓国での発表が無事に終わった。畑中さんも無事、新潟へ帰ったその日に偉い方と会うことができたようだ。学会発表についても「とてもいい経験をしましたね」と一緒に喜んでくれたらしい。川島さんも、無事に発表を終えて帰国した。様子を聞けば、我々の発表を見て、あんな質問が来たらどうしようかと心配していたが、発表後の質問は一つ二つで、我々のときのような難しい質問は来なかったのでよかった、とのことだった。それは何よりであった。私だって、あの多くの挙手を見た後に一人で発表するとなれば不安になるだろう。

全員が韓国から戻った翌日の月曜日、畑中さんと私はK教授の部屋に呼び出された。畑中さんと教授室へ行くと、部屋にはK教授研究室の一学年下、中学校の教員で大学院に来ている教員大学院生の女性がいた。我々が入室する

と、K教授は、「どうぞ」と我々を椅子に掛けるよう促した。K教授は我々の学会発表をひとしきり労った後、来月、一二月の国際的な教育プロジェクトの会議へ参加してくれませんか、と切り出した。聞けば面白そうな研究である。畑中さんは了承した。畑中さんは実際に会議に参加するが、私はK教授の助手として会議の様子を記録し、文章にまとめる書記係を行うように伝えられた。この会議の助手を務めれば、私の研究実績としても大きな成果となる。新聞社に戻った後の経験としても、奨学金返還免除の申請にも役に立つだろう。K教授の配慮でもあろうこの誘い、もちろん受けるに決まっていた。皆が了承すると、K教授は、「ありがとうございます。畑中さんたちには、課題を出しますので、自分たちの教員経験をもとにして、しっかりと調べ、考察しておいてください」と言い、「では、また連絡します」といつもの落ち着いた声で締めた。

部屋を出ると、畑中さんは「K教授も大したものだな。私が修士論文をほぼ終えていることを知っているようだ」と言ってきた。たしかに、一月に修士論文を提出する多くの大学院生は、この時期論文執筆に苦しみ、資料を探すのにも大慌てである。そんな大学院生を、北海道での学術研究会議へ誘うはずがない。私も畑中さんと同様、ほぼ論文執筆を終えているが、K教授に論文がほぼ書き終わっていることを伝えたことはない。K教授はゼミではさして興味のないふりをしつつ、発表の様子や表情から、大学院生たちの論文の進捗状況をしっかり把握していたのだ。いつも温厚であるがゆえに、一見本気を出していないようにも見えるK教授であるが、ちゃんと仕事をしているようだ。

K教授の本気

そういえば、一度だけ、K教授の本気を見たことがあった。きっかけは畑中さんだった。約四か月前の七月、研究室のゼミで、皆が修士論文の内容を検討していた際の出来事である。畑中さんは自身の論文のなかで、アメリカのある教育学者の理論を持ち出して、それをもとに考察しようとしていた。私は大学院生のなかでは国内外を問わず多くの論文を読んできたつもりだが、畑中さんが持ち出したのは私も全く知らない研究者の複雑な理論であった。おそらく、私たちの専門とは異なる分野の学者の研究なのだろう。よくもまあ、このような理論を持ち出してきたものだ。いろいろな意味で、畑中さんには感服する。

研究室の他の大学院生と比較してもはるかに論文を読んでいるはずの私ですら分からない理論を、ゼミに参加している他の大学院生たちが分かるはずがない。皆、畑中さんの紹介する理論についていけず、下を向いている。私は専門外のK教授がどのような反応をするのか、少々楽しみであった。「また後日、検討させてください」とでも言って、その理論の資料を調べ、次回あらためて指導するのだろう、というのが私の予想であった。

ところが意外にも、K教授は慌てることはなかった。しかも、いつもより早口で、「この理論を持ち出すということは、アメリカの□□教授の理論がもとになっていることは分かっていますよね？」と尋ねた。「もちろんです」と畑中さんが答える。K教授はさらに早口になり、「では、△△氏の理論との違いも考察する必要となりますが、大丈夫ですか？」と言った。畑中さんも、K教授が自分の持ち出した理論をよく知っていることを把握して、「△△の理論は、私の研究には当てはまらないので、それも含めて再度検討します」と答え、進捗発表を終えた。K教授の研究室に所属して一年半、この日、初めて学者のすごさを知った。後日、K教授にこの件について直接聞いたことがある。K教授は、「ああ、畑中さんの件ですね。面白い理論を持ち出してきましたね。さすが畑中さんですね。しかし、私も教育学なら幅広く勉強していますよ。一応、大学教授ですから」と笑って答えた。K教授は、畑中さんの通常の大学院生以上の研究熱心さが嬉しく、楽しんでいるようであった。またK教授は、私や畑中さんなど「変わった」社会人が所属している自分のゼミを楽しんでいたようである。とにかく、器の大きい教授であった。

さて、畑中さんも私も、K教授を心配させないように、一一月下旬、K教授に修士論文を提出した。これで、他の大学院生とは異なり、北海道で助手ができますよ、という証明ができただろう。K教授から「拝受しました」というメールを受け取った。後はチェックしてもらい、加筆修正を加えるのみである。

第八章　二年目の冬

北海道での経験と旅立ち

一　二回目の雪おこし

早めの「雪おこし」と「ラニーニャ現象」

今年の雪おこしは、去年よりも一か月早かった。一一月下旬のとある深夜、雷が鳴った。しかも、何回か近くに落雷したようで、雷の光と音が同時に伝わり地響きがした。しかし、子どもたちは二年目で自然に慣れているせいなのか、夜中だからなのか分からないが、よく眠っている。昨年は、一二月下旬に初めて雪おこしを経験した。あの日はちょうど大阪に帰る日であったが、あの糸魚川大火による恐怖の印象が強いので、今年の雪おこしはたとえ近くに落雷があろうとも、怖くはなかった。

雪おこしが来るということは、本格的な冬の到来である。一二月には雪が積もるかもしれない。また、ニュースによれば、今年は「ラニーニャ現象」も起きているらしく、今年の冬は雪が多く、一段と寒い冬になるかもしれない、とのことだった。ラニーニャ現象がどのようなメカニズムなのかはよく知らないが、貿易風の影響で、南米沖の海面水温が低くなるらしい（エルニーニョ現象はその逆）。とにかく日本では寒気の影響を受けやすく、雪がたくさん降るそうだ。

一二月に入ると、雪おこしのせいかラニーニャ現象のせいか分からないが、さっそく雪が降った。ただし、ひらひらと舞う雪である。この手の雪は積もることなく、道路に落ちたと同時に溶ける。積もる雪は、氷の粒のような雪である。この種類の雪は、地面に落ちても少し跳ね返るほどの硬さで溶けないため、道路に残り、積もっていく。氷の粒のような雪が降り始めたら、翌日、新潟が雪景色に変わり、本格的な冬が始まるのだ。一一月下旬、去年よりちょっと早い冬の到来に、「最後の新潟の冬は、やはり雪の新潟を楽しみたいものだ。雪があっての新潟だな」と、風流気分で考えていた。しかし、最後の新潟の冬、年が明けた頃、自然の厳しさを心身ともに学ぶことになる。

二　北海道の秘湯と研究会

大寒波の新千歳空港

研究の助手として行くことになったとはいえ、北海道に行くのは生まれて初めてであり、とても楽しみだった。一二月中旬頃、私は、子どもたちと大阪へ戻り、子どもたちを妻の実家に預け、関西国際空港から新千歳空港へ向かい、昼過ぎには到着した。

しかし、私が北海道へ着いた日、北海道にはニュースになるぐらいの寒波が到来していた。さっそくラニーニャ現象の影響が、地理的に日本の北に位置する北海道に来たようだ。しかし、私はこの日、空港直結のホテルで一泊し、翌日、支笏湖（しこつこ）という場所へバスで向かう予定だったため、外の吹雪の様子は分からなかった。それでも私が空港へ着いたときには、空港の電光掲示板には「欠航」や「遅延」が相次いで表示されていた。私も、もう少し遅れて出発していたら、この欠航ラッシュに巻き込まれていただろう。まさに間一髪であった。欠航の理由は、大雪によって空港の滑走路が使えないためらしい。北海道の企業や人々はこのような気候にも慣れており、当然雪などの対策をしているはずだ。空港だって相当な寒気や大雪でない限り滑走路が使えないことなどないだろうし、今回の寒波は相当なものなのであろう。とはいえ、それを確認するために外へ出る気もないが。

欠航が相次いでいるためか、私が一日過ごす新千歳空港は閑散としていた。北海道は、日本でも人気の観光地であり、普段は空港も外国人を含む旅行者でにぎわっているはずだ。しかも、空港内には多くの商業施設もあり、北海道のグルメはもちろん、映画館や温泉施設など、一日楽しめそうなレジャー施設が多くあった。地元の人も楽しめそうな空港である。しかし今日は、そこも閑散としている。今回は旅行で来たわけではないので、レジャー施設を利用する気はないが、夕飯には北海道のグルメを堪能できそうだし、楽しみだ。空港内のホテルにチェックインし、一五時過ぎには部屋に入り、すぐにデスクへ向かった。自分の研究に関連する論文を読みながら、次年度新聞社に復職したのち、仕事に使えそうなものをまとめたいからである。

大学院に入学し、子育てをしながら子どもたちと一緒に生活すると、当然だが自分の時間がなくなる。だから、一人になれてゆっくり時間がとれるときはチャンスだと思い、自然と机に向かって勉強する習慣がついた。高校入学時まで机など物置であり、かけ算もできず、漢字の読み書きもできなかった自分が、ゆっくり勉強ができる時間をチャンスと思う日が来るとは。子育ては、私の時間の使い方を大きく変えてくれた。

久しぶりに一人になれるチャンスを手に入れて浮かれたせいか、集中しすぎてあっという間に二〇時を過ぎていた。「もうこんな時間か。そろそろ夕飯でも買いに行こう」と思い、ホテルを出て、空港内の商業施設が立ち並ぶターミナルに向かう。すると、多くのレストランが、すでに閉まっていた。

たしかにホテルからターミナルへ向かう道中、全国チェーンの有名な牛丼店が営業終了となっており、嫌な予感がしていた。「どこも店が開いてないのか？」と思い、歩き回るが、北海道へ着いた一五時頃とは全く異なり、どの店も閉まっている。寒波のせいだろうか。私は北海道グルメを諦め、ホテルに戻ることにした。たしか、ホテルを出たすぐのところに、全国チェーンの天丼屋があった。ホテルを出たときはまだ開いていたはずだ。東京へ単身赴任中、とてもお世話になった天丼屋だが、北海道でもお世話になることにしよう。ところが天丼屋に着くと、すでに閉まっていた。時刻は二〇時半を過ぎている。最初にここで買っていれば部屋で天丼を食べることもできただろう。しかし、歩き回っている間に、ここも閉店の時間となったようだ。空港の外に出ようかと思ったが、寒波到来の最中である。土地勘のない私が、こんな日に空港の外へ出るのは危ない。天丼屋近くのコンビニは開いていたが、お弁当などは売り切れており、何もなかった。結局、本日の夕飯は、北海道のグルメとは程遠い、菓子パンとカップラーメンとなった。空港内の商業施設がこんなに早く閉まるとは。まさに、天候以上に想像できない一日となった。

美しい支笏湖と「秘湯」の噂

空港直結のホテルで一泊し、今日は学術研究プロジェクトの会議場がある支笏湖へ向かう。昨夜の思いがけない食事の物足りなさを埋めるべく、私はホテルの朝食バイキングへ朝一番に向かい、思いっきり食べ、満足して出発した。空港側のバス停に出たときに、寒波が来ていることを実感した。新潟の冬よりもはるかに寒かった。ふと電光掲示板に目をやると、現在の気温が流れてきた。「マイナス」という記号が見えた瞬間、余計寒くなるので、見るのをやめた。しばらくするとバスが来た。K教授によれば、バスに乗り、終点まで行くと、宿泊する旅館の人が車で迎えに来てくれるとのことであった。畑中さんらは昨日から会議に出席しており、今日の会議から私も書記係として加わる。バスの終点まで着くと、K教授の言っていた通り、旅館の人が迎えに来てくれた。

支笏湖は、北海道でも有名なカルデラ湖であるだけあって、とても美しい。大阪にいては見ることができない風景である。カルデラ湖とは、簡単に言えば、火山活動により形成されたくぼみに水がたまってできた湖である。支笏湖も、高い山と湖がくっついているように見え、見たことがない迫力ある風景であった。

会議が行われる旅館に着くと、そのままK教授の部屋に案内された。なるほど、たしかに午前中の到着だから、とりあえずK教授の部屋に荷物を置かせてもらって、会議が終わる頃にチェックインすればいいだろう。荷物はその後自室まで持って行けばいい。そう思っていると、「やあ、無事に着いたんですね」と、畑中さんが荷物を持って部屋に入ってきた。「何とか着きました。畑中さんも、自分の部屋が準備できるまで荷物を置いておけと言われたんですか？」と尋ねた。すると、畑中さんはニヤリとし、「何言ってるんですか。我々の部屋は、ここですよ。K教授と三人で一緒に過ごすのです」と答えた。私は正直、「マジでか？」と思った。そう、研究で来ている我々は、経費の関係上、三、四人で一部屋らしい。K教授と畑中さん、そして私は、一緒の部屋で過ごすのだ。

「今日なんてまだいい方ですよ。昨日、私は全く初対面の大学教授たちと同じ部屋で、気を遣うことこの上ありませんでした。ある研究者のいびきが大きかったので、気になってほとんど寝られませんでした。帰りたいと思ったぐらいです」と、畑中さんは笑いながら言った。

「今日、その人たちはまだいるのですか？」

「今日は別の研究者が来るので、昨日の研究者の多くは帰りました。今日はK教授の部屋なのでまだマシな方です」

たしかに、いくら昨日の夕飯が菓子パンとカップラーメンであったとはいえ、一人で過ごせた私は畑中さんよりも幸せだったのかもしれない。北海道の最高な料理が出てきたとしても、知らない研究者と一緒に一晩過ごすのはちょっとキツい。畑中さんもよく頑張ったものだ。

「ところで、ここの温泉について、知ってますか？」

「いや、何も聞いていません。なにかあるのですか？」私が答えると、畑中さんは、またニヤリとして「今日入れば分かりますよ。出たくなくなるほどの湯です」と言った。そして、「ここの温泉は「秘湯」らしいです。まあ、入れば分かりますよ」と、意味深な言葉を残して部屋を出て行った。意味が分からないまま、荷物の整理をし、書記係としての準備をしていると、K教授が入ってきた。K教授は、「やあ、無事に着いたのですね。ここの温泉の話を聞きましたか？「秘湯」で有名ですよ。会議が終わったら入るといいでしょう」と言って、畑中さん同様ニヤリと笑った。「畑中さんも「秘湯」って言ってましたが、有名だったら「秘湯」ではないのでは？」と尋ねると、質問が的外れだったのか、K教授は笑いながら、「まあ、とにかく「秘湯」です。入れば納得しますよ」と言って部屋を出て行った。会議前の書記係に、こんなに「秘湯」の謎を吹き込んで、悶々とさせていいものなのだろうか。とにかく、会議はもうすぐ始まる。ひとまず「秘湯」は忘れて、K教授の手伝いをしなければならない。私はボイスレコーダー、ノート、筆記具、パソコンを取り出して、施設内の会議室へ向かった。

「異己」理解プロジェクト

教育プロジェクト会議では、私は書記係をしながら聞くだけであったが、その内容はたしかに面白かったので紹介したい。海外からも著名な学者たちが集まっているが、全国の学校の先生も数名集まっている。そこに畑中さんも選ばれたわけだ。テーマは「異己」理解プロジェクトである。研究の課題は次のようなものであった。

①中学生のAさんとBさんは仲のよい友達です。
②修学旅行で、AさんとBさんは同じ部屋で過ごすことになりました。
③部屋の中でおやつを食べてよいことになり、Aさんは家から持ってきた自分が大好きなチョコレートを取り出し、机の上に置いたあと、トイレに行きたくなり、部屋を出て行きました。
④Aさんが帰ってくると、チョコレートはなくなっており、空の箱だけがありました。AさんがBさんに「チョコレートは?」と聞くと、「私(僕)が好きなチョコレートだったから全部食べたよ」というBさんの返答がありました。
⑤さて、Bさんの行動について、あなたはどう思いますか。

すなわち、Aさんのチョコレートを仲良しのBさんが勝手に全部食べたという話である。これに対して、日本、中国、韓国の三か国の児童生徒にどう感じたかなどのアンケート調査を行い、その傾向をもとに、日本や隣国における友人の概念、傾向について分析し、他国の文化を互いに理解するための教材を開発しよう、というのがこのプロジェクトの主眼である。

特に、日本、中国、韓国は政治的にも複雑な関係性がある。政治は大人の事情であるが、それぞれがどのような国民性であるのか、教育を通じて子どもたちから知ることには、大きな意義がある。それに、近隣諸国との対立関係は別に東アジアに限ったことではなく、世界中どこの地域にも見られる。この研究は、世界中に共通する課題を考えるよい教材ともなるだろう。この課題は今後、ヨーロッパの生徒たちにも拡げていくそうだ。

このようなテーマについて、国内外の著名な教育学者たちが集まり議論することも面白いが、日中韓の教員たちが、実際に課題を授業に取り入れ、児童生徒たちに実施したアンケートをまとめて発表する様子もまた興味深かった。結論から言えば、日本では「他人のチョコを勝手に食べたBさんが非難されるべき」という感情から、「問題である」とする回答が多かった。一方で、中国や韓国では、「友人が喜んでくれたからいい」や、「器量が小さい人間と思われたくない」などの理由で「問題ではない」という回答が多く見られたという。

どうしてこういう調査結果が出たのかについては、いろいろな仮説や解釈が考えられるが、ここでは紙幅の都合もあり、割愛する。ただ一言言っておくと、このような議題を扱うとき、一番やってはいけないのが、自分の価値観とは違うものを受け入れず、否定や非難をすることであろう。そうなっては、この研究の意味がなくなってしまう。大事なのは、「なぜこのように違った結果が出るのか」を考えることだ。台湾の学校へ取材に行ったときもそうであったが、このような事例から学び、自分たちの、そして他国の傾向を知る。そうして理解していくというのは、国際化の進む、世界の教育の潮流なのかもしれない。

一度入ると出たくない「秘湯」

この教育プロジェクト会議は夕飯の時間近くまで続き、明日の午前中、また続きを行うことになった。書記係も明日まで行うのであれば、慌てて書面にまとめる必要はない。会議が終われば、再びＫ教授や畑中さんの言っていた「秘湯」が頭に浮かんだ。夕飯後、この旅館にある「秘湯」とやらを楽しもう。昨日から北海道に来ている厳しい寒波が、温泉好きの私へさらなる幸せを運んでくれるだろう。

夕飯が終わり、Ｋ教授、畑中さん、私で風呂に行く。普段から新潟の温泉に入っているＫ教授、畑中さんともに認める「秘湯」なのだ。きっとすごい効能の温泉なのだろう。しかし、いざ大浴場で湯につかってみると、普通の温泉だった。「いい湯ですが、普通の温泉ですね。どこが「秘湯」なのですか」と、私はＫ教授に聞いた。「ここじゃないんです。外の露天風呂がいいんですよ」。Ｋ教授がニヤリと答えた。Ｋ教授は、つづいて湯船に入ってきた畑中さんともひとしきり「秘湯」について歓談したのち、「先にあがります」と断って脱衣所へ消えていった。

「さて、そろそろ「秘湯」へ行きましょうか」と畑中さんが切り出した。「よろしくお願いします」と答えて、裸のままついていく。「秘湯」まで続く長い廊下は外にあり、寒波の影響で、新潟の比ではない寒さだった。たしか午前中の気温はすでにマイナスだったから、夜となれば、さらに寒いにちがいない。歩いて一〇秒もしないうちに、先ほどまで入っていた温泉の効果もなくなった。裸で歩くのは自殺行為なのではないかとすら思いつつ、身を縮めて歩く。

歩いて一分ほどだろうか、やっと「秘湯」へたどり着いた。畑中さんと私は飛び込むように入る。入ってすぐは温かく感じたのだが、一分ぐらいして、体温に異変を感じた。体が冷えすぎておかしくなったのだろうか、湯がぬるい。いや、ぬるいどころではない。私の平熱は三六・五度であるが、ここの温泉の温度はどうやら三五度ぐらいらしかった。私が普段求める湯温より一〇度は低い。私の体温より一・五度も低いぬるま湯に入り続けることに何の効果があるのだろうか。いったいどこが「秘湯」なのかは、後でフロントへ行って学ぼう。しかし、これほどぬるい「湯」であることは「秘」密であってほしくなかった。

明らかに不満げな私の表情に、畑中さんは「どうですか。ぬるいでしょう」と満足そうに笑って言った。「畑中さんが言う「一度入ると出られない秘湯」の意味が分かりました、特に今日のような寒波の日は。しかしこの後大浴場に戻るとき、あの長い廊下を再び歩くのは相当な勇気がいりますね」と答えると、「そうでしょう。昨日は裸で走って戻りましたよ。体が痛いくらいの寒さでした」と返ってきた。昨日の畑中さんの苦労が思い浮かばれる。秘湯の湯温は、我々が毎日入っているフィットネスクラブの温水プールに毛が生えた程度のものだが、「秘湯」の外はフィットネスクラブよりもはるかにきつい環境である。「熱い湯が待っている」と思っていたから寒波に耐えられたのに、むしろ体温を奪われた状態で大浴場に戻ることなどできない。かといって今出れば、凍え死んでしまう。

結局、我々は一時間も「秘湯」に入ることになってしまったのだが、体が熱くなることはなかった。あの体感は形容しがたい。強引に例えるなら、真冬の日に、安宿のヒーターも効かない寒い部屋で、薄いせんべい布団にくるまって、うすら寒い状態が一時間続くような体感である。私も畑中さんも、頭部以外は温泉につかっていた。

しかし、長時間入っていると、この温泉の魅力が分かってきた。まずは、混ぜ物のない自然のままの源泉が楽しめる点だ。湧き出た源泉と支笏湖の地下水が合流しているらしく、湯船の下には砂利が敷き詰められており、砂利を掘ると少しだけ温かい湯を感じることができた。そして、温泉に一時間も入れば、肩こりがすっかりなくなった。体が軽いのが分かる。畑中さんも腰を痛めていたが、痛みがなくなったとのことだった。しかし、畑中さんからも私からも「堪能しましたし、そろそろ出ますか」というセリフはなかなか出てこない。

自然のままの源泉であるがゆえに、この温泉の湯温は合流する支笏湖の水温が決める。特に寒かったこの日は、支笏湖の水温も当然低く、湯温が下がることになる。これが「秘湯」であるゆえんの一つなのだ。とはいえ、「追い炊き」のボタンがあれば、私も畑中さんもためらわず押すだろう。どこかにないだろうか。

とにかく、いつまでも入り続けるわけにはいかない。最初に切り出したのは畑中さんであった。

「そろそろ覚悟して出ましょう。昨日寝ていないので、眠くなってきました」。温泉から出れば、この寒波のなか、眠さも一発で覚めるだろうが、畑中さんをこれ以上疲れさせるわけにはいかなかった。そこで、我々は「一、二の三」という掛け声とともに温泉を出た。一時間も温泉に入っていたとは思えないほどの寒さが我々を襲う。しかし我々は笑いながら、スリップしないように気をつけつつ速足で進み、思ったほど苦痛を感じることなく大浴場へとたどり着いた。もちろんその後、大浴場の熱い温泉とサウナに入り直し、その温度に満足してあがった。

部屋に戻ると、K教授は椅子に座ってくつろいでいた。我々を見ると、「ずいぶん長く温泉につかっていたのですね。よっぽど気に入ったのですか？」と聞いてきた。「ええ、まあ。教授、分かっているんでしょ？」と私が聞けば、

「何のことですか？　ああ、「秘湯」の意味ですか。自然が湯温を決めるので、昨日や今日みたいな日は寒いでしょう」

「そう思うなら、言ってくれればいいのに」

「まあ、寒いかどうかは人それぞれなので。でもいい経験でしょう。「来てよかった」と思いませんか？」

「ううん、ええ、まあ」

「じゃあ、よかったじゃありませんか。どうです、ビールでも飲みましょう」と、K教授は机の上にあるビールを我々に渡し、労った。しかし、昨晩の寝不足のせいか、長時間の会議のせいか、それか温泉に長時間つかったせいか分からないが、畑中さんは乾杯するとビールを数口だけ飲んで、早々に布団を敷いて寝始めた。

私とK教授は二人で椅子に座り、ゆっくりとビールを飲んだ。安心したように熟睡する畑中さんを眺めながら、昨日の畑中さんの相部屋の話を酒の肴に大笑いし、そこから、研究の話、K教授の中学校教員時代の苦労話、新聞社復帰のときの話、そして私の今後など、胸襟を開いて話し合った。日付が変わった頃、K教授も眠くなったようで、歯を磨き、寝る準備を始めた。私はまだ元気だったので、お茶を買いに自販機へ向かう。そのとき、同世代の若い研究者二名と偶然一緒になった。そこで、彼らの部屋で二時頃までビールを飲みつつ研究の話をし合った。「秘湯」の謎も解け、研究者とも打ち解け、とても楽しい一日だった。

優雅な朝、そして帰路へ

翌朝、朝食バイキングをK教授、畑中さん、私で食べた。畑中さんも私も、朝食は毎日大学の食堂でしっかりと食べるので、この日も二人は全種類のおかずを食べた。K教授は、朝食はあまり食べない方であり、我々が食べている間、すでに食後のコーヒーを飲んでいた。朝食を食べながらも、昨日は到着後忙しなく会議が始まり、終わる頃には暗くなっていたので分からなかったが、旅館の目の前に支笏湖があり、とても美しい景色であることに気づいた。天気も晴天となり、支笏湖の水面に朝日が反射して、カルデラ湖の迫力を私がここへ来たとき見た景色以上に伝えてくる。とても優雅な朝であった。

午前中の会議も無事に終わり、宿の前で全員で記念写真を撮って、会議は解散となった。空港まで一緒にK教授がタクシーで送ってくれることになった。昼前に空港に着くと、空港は活気があった。K教授は正午過ぎの便で東京へ戻る必要があったが、電光掲示板には「欠航」や「遅延」が相次いでおり、K教授を焦らせていた。それもそのはず、K教授はこの後、フィンランドなど北欧諸国に研究で向かわねばならない。K教授は飛行機の運行状況を心配しながらも、「まずはチェックインします」と言って搭乗口の方へ消えていった。

私は一四時半頃の飛行機で帰る予定だったので、夕方に戻る畑中さんと二人で新千歳空港をダラダラと歩いた。昼食を取ろうかと思ったが、普段朝食をしっかり食べる我々は、昼食はあまり食べない。お腹が空かないので、二人喫茶店でコーヒーとサンドイッチを食べた。結局、味わえた北海道グルメは、旅館の夕飯で出た鮭の鍋だけであった。まあ、旅行で来ているわけではないのでそれでもいいが、これが家族旅行だったら妻と喧嘩になっていたかもしれない。飛行機に乗る時間になって、畑中さんと別れた。

三　修士論文の提出と雪国の日々

一気に来た論文の「直し」

畑中さんも私も、かなり早めに修士論文を提出したが、北欧諸国へと研究に行っているK教授からは、私の論文の「直し」が来ない。もう大丈夫、ということだろうか。というわけで、二〇一七年の一二月末は、大阪でゆっくりと過ごすことにした。息子たちとバッティングセンターへ行ったり、家族でボウリングやカラオケに行き、私は息子たちと同様「学割」で遊んだりして、年末を楽しんで過ごすことができた。

しかし、正月を過ぎた二〇一八年一月三日、K教授から思いっきり「直し」が入ったメールが返ってきた。これにより、年末ゆっくりした分が帳消しになるぐらいの研究モードに戻ることになった。まさに、「楽は苦の種、苦は楽の種」である。K教授は帰国後ただちに、年末年始を使って全員分の修士論文を読み込み、直しを入れたようだ。

その年のK教授の研究室は大所帯で、私、畑中さん、川島さんを含む七人ほどが、修士論文を提出する予定であった。一人当たり一〇〇ページほどはある修士論文を七人分読み込むのはたいへんだろう。畑中さんに至っては、二〇〇ページ以上の長編大作の修士論文である。しかも、大学院生の文章力は、まちまちであり、なかには留学生もいる。それぞれの癖が出た文章を素早く読み込み、直しを入れるなど、私も文章は読み込んでいる方であるが、さすがに嫌だ。K教授の家族にまで影響が出ていないかと心配になるほどであった。しかし、我々も一月一〇日に修士論文を提出し、その後の口頭試問に合格せねば、修士号を授与されない。

私は一月三日から六日まで、大阪でほぼ寝ずに修士論文を直し、準備していた多数の国内外の論文・資料から自身の論文の根拠を固めるなど、必死で作業を行った。準備していたとはいえ、三日から六日まで不眠不休であったため、一日だけ休み、七日、新潟へ戻ることにした。息子たちは翌日八日から小学校や幼稚園が始まるため、戻ればすぐに準備をしなければならない。私は何とか六日までに直しを終え、K教授から提出の許可をとることができた。

新潟へ戻った八日月曜日、子どもたちを無事に学校や幼稚園に送った後、研究室へ行くと、畑中さんが修士論文を印刷していた。私も同じく、あとは印刷して提出するだけであったので、一〇日のギリギリまで直しを入れているほかの大学院生とは違ってゆっくり印刷をすることができた。畑中さんは、「修士論文を提出し終えたら、帰る準備をします。現場に二年間出ていないので、勘が鈍っているかもしれないから、四月、学校に戻る前に、しばらく前任の小学校に行って手伝えるか校長先生に聞いてみようかと思います」と笑顔で言った。畑中さんも家族を置いて雪深い新潟の地で研究を二年間やり抜いた。やはり、研究をやり遂げ、家族のいる家へ帰れるのは嬉しいのだろう。私もこの修士論文を提出したら授業もない。一月末に口頭試問があり、それに合格すれば、大学院に出るのは、あとは修士論文発表会と学位授与式だけである。

豪雪の新潟

修士論文を提出し終えた一月一〇日から、新潟で大雪が降り始めた。結論からいえば、新潟で過ごす最後の冬は、ラニーニャ現象の影響なのか分からないが、過去数十年間ぶりの豪雪の年となった。豪雪で電車が止まり、乗客が電車内で一晩過ごすことになったり、道路が通行止めになったりと、雪に慣れているはずの新潟の人でもありえないと思うようなことが起こった。新聞やテレビニュースでは、豪雪のため一日中電車内に残されたにもかかわらず、老若男女関係なく冷静に助け合い、気を遣い合う乗客の様子がよく報道されていて、私に感動を与えた。雪国に住まう人びとの我慢強さと、道徳心、公共心、そして共助の気持ちに、やはり誇りを持った。この感性は、K教授による二年間のご指導のおかげで、より強固なものになった。

そんないい話の後につまらない話で恐縮だが、当然、我々にも豪雪の影響が出た。一月中旬、私と息子たち、畑中さんの四人で山上にある温泉まで車で向かっていると、普段は登れるはずの山道が積雪のせいで前に進めない状態になっており、ソリのように車が後ろへ滑っていった。結局、危険だと判断した我々は、温泉に行くことを諦めた。雪に対して完璧な装備をしていたはずの車も、度を超す雪の場合、何の役にも立たない。自然の厳しさを感じる出来事だった。それ以降、私の最もお気に入りであった山の上にある温泉は、雪が融ける春まで行けなくなった。春には、私はここにいないだろう。つまり、私はもう最もお気に入りの温泉へは簡単には行けないわけである。これは新潟に来て以来、一番悲しい出来事であった。

山奥の道路は雪深く危険だが、冬の市街地にある道路は、雪対策のため道路から常に水が出ており、その道路上には雪はない。しかし、雪があろうとなかろうと、水との関わりは避けられない。大雪が降った日、おしゃれなスニーカーを履いて歩こうものなら、道路を五〇メートルも進むと靴は積雪と道路から噴き出す水でビショビショになる。新潟の冬はおしゃれな靴ではなく長靴が必須アイテムなのだ。しかも、雪の上は滑ってたいへん危ないので、雪でも滑らない雪用の長靴を履く必要がある。昨年、妻がネットで長靴を買ってくれたが、雪用ではなかったため、雪の日に豪快に滑った。特に皆が通るところは、雪が踏まれて氷のように固まっており、まさに氷上を歩くことになる。

雪の危険性は、滑る点だけではない。大雪の日は、車が雪で埋まる。それを放っておくと、どんどん積もり、地面の雪と車の屋根へ積もった雪がくっつく。そうなるほどに積もると、車の屋根上の雪の重みが、車の屋根をへこませることもあるという。車の屋根を守るためには、こまめに車の雪かきをすることが必要である。ところが、毎日同じ量の雪が積もり、車が埋まってしまう。取り除いた雪は車の後ろに捨てるのだが、二月上旬になると、捨てていた場所が二メートルぐらいの雪の壁ができてしまい、とうとう雪を捨てるところがなくなった。たまった雪を持っていってくれるはずの業者も、今年は忙しすぎて大学は後回しになっており、来ないそうだ。雪を捨てる場所がなくなるなど、想像もしなかった。個人的な意見だが、スキー場や除雪業者以外にとっては、大雪が降ってもいいことはない。

次男と友人の約束

修士論文を提出し、一月末の口頭試問も終わり、無事合格となった。後は二月一五日の修士論文発表会だけである。

大学院生活のゴールも近づくそんな二月のある日、次男を幼稚園に迎えに行くと、次男と同じクラスの子のお母さんが私に話しかけてきた。聞けば、息子さんが次男と遊ぶ約束をしているそうだ。一度遊びに行ってもいいでしょうか、という内容である。なんと、次男が友人と遊ぶ約束をするとは。予想外の話である。まず、次男にちゃんと友人がいたことや、友達同士で約束をしていたことが驚きであり、親としては嬉しかった。もちろん断る理由はなく、次の金曜日、幼稚園が午前中に終わるので、その後、我が家に遊びに来てもらうことになった。

次男は日頃、白井からもらった最新ゲーム機で遊ぶのが好きで、豪雪であろうがなかろうが外では遊ばず、日々、ゲームの技術を研鑽している。そして、どうやら次男の友人も同じゲーム機を持っていたようで、ゲームの話で盛り上がり、一緒にゲームをして遊ぼう、と約束したそうだ。幼稚園児でも、そんな約束ができるのだ。ただし、次男は約束のことを私に一言も伝えていなかった。普通、友人を我が家に呼ぶなら、次男から私に話を通しておくのが筋であろう。待てども待てども約束が果たされず、しびれを切らした友人の方が母親に相談して、保護者間での話になったわけだ。それがなければこの約束は反故(ほご)になっていたかもしれない。なぜなら、私と次男は一か月後には世帯棟の寮を引き払っており、すでに新潟にはいないからだ。ちなみに二人が遊ぶ約束をしたのは、去年の一二月とのこと。

金曜日、次男の友人が我が家にやって来た。お母さんが連れてきたが、その日は、南場が一緒に勉強するため我が家にいたので、気を遣ってかお母さんは家に上がらず、夕方に迎えに来ることになった。次男と友人、ついでに南場にピザを取り、お昼ご飯をご馳走することにした。次男の友人は喜んでピザを食べた。その子は、幼稚園児らしく無邪気で元気がいいが、行儀もよく、いい子だった。遠慮なくピザを食べる南場の方が子どもに見えたぐらいだ。

私と南場はダイニングのテーブルでパソコンを開き、修士論文の発表資料を黙々と作る。次男と友人は、テレビがある隣のリビングでゲームをしながら、ピザを食べている。ちなみに次男はピザを食べず、ポテトだけ食べる。幼稚園児は声が高いためか、二人の会話がよく聞こえるが、これが面白い。聞いているだけで笑ってしまう。主語も脈絡もなく、それぞれがそれぞれの世界観で話し続けているからだ。二人の間で本当に会話は成立しているのだろうか。

「あの子らの会話、何言っているのか全然分からん」と、作業しながら小声でツッコむ南場の言葉は、同感だった私を笑わせた。友人が帰るまで二人は会話し続け、ゲームをしていたが、結局、私も南場も二人の会話内容は理解できなかった。幼稚園児同士の会話はいつもこんな感じなのだろうか。幼稚園の先生は園児たちの会話内容を理解できているのだろうか。そうだとすれば、すごい技術だ。園児同士の会話だけでも、教育学研究の題材になりそうである。

四　ついに来た学位授与の日

修了生答辞を読むのは誰？

二月の修士論文発表会も無事に済み、大学院の学位授与式が近づいてきた二月下旬、畑中さんが奇妙な話を我が家に持ってきた。今年の学位授与式で、大学院修了生が読む答辞を、我々のコースの修了生がすることになったという。そこで私に、「学位授与式の大学院修了生代表として答辞を述べてほしい」と言うのだ。冗談ではない、と思った。すっかり忘れていたが、畑中さんは我々のコース代表だった。コース代表のくせに、大学院を辞めてN県に帰ろうとしていたのか。改めて畑中さんの度胸には感服する。教育学研究に関するもの以外、大学院における自分の役職には興味関心がないのだろう。そんな畑中さんが、なぜ今更、コース代表を名乗ってこんな提案をしてきたのだろうか。

J教育大学院の成績はS、A、B、C、Dの五段階で、Sが一番よく、Dは不合格である。二〇年ほど前に入学した出身大学は、優、良、可、不可の四段階であった。優が一番よく、不可は不合格である。可ばかりであった大学時代の成績が、三六歳になった私を困らせたわけだ。大学院入学時、奨学金を借りるのに苦労した、あの一件である。

一方で、大学院のなかでは私がトップの成績であった。たしかに私は、大学院での成績はすべてSだったので、成績だけ見れば、それ以上がない分、トップだといえるだろう。しかし、それには理由がある。まず、「教育学初心者」であること。休職し、子育てをしながらでも学びたかった教育学の講義を初心者がサボるはずがない。次に、成績優秀であれば、借りた奨学金が返還免除になる可能性がある上、授業料が免除になることだ。成績がいいのは経済的な動機によるものでもあり、そもそも教育学の初心者が修了生代表として答辞など読む必要はない。しかも、全国の優秀な教員が集まっているなか、新聞社に勤める自分が教育系大学院の答辞を読むなんて滑稽だと思った。

そもそも、なぜ私の成績は、教育のプロである教員大学院生たちよりもいいのだろうか。理由は簡単だ。前述の通り、教育学の初心者である私は大学院の講義すべてに休むことなく出席した。一方で、教員大学院生は優秀な人が多く、「先生に戻った後」のことを常に考えている。だから、指導法などの視野を広げるため、平日に全国の学校で行われる研究授業や、学術学会などに積極的に参加する人が多く、そのために何度か大学院の講義を休んでいたのだ。一日でも休めば成績が落ちるのは大学と変わらない。そんな彼らが私より劣るはずがない。むしろ、教員大学院生の多くがプロとして「教育現場で使える指導技術の向上」を求めて本当によく研究していたのである。

畑中さんは、例年、優秀な成績を収め、かつ社会人である教員大学院生が答辞を読むのが慣例であることを知っており、「成績優秀者の社会人」の箇所だけを切り取って持ってきたのだ。しかし、約二年間の付き合いで、何か「別の意図」があることは読み取れた。そんな経緯もあり、私は当然「冗談はやめてほしい」と言った。しかし、畑中さんは「いや、成績がトップの人が答辞を読むのは、どの大学院でも一緒ですよ」と言う。

「私が答辞など引き受けるわけがないこと、知っているでしょう?」

「では、誰に答辞を読ませますか?」

「コース代表の畑中さんでしょう」

「私の成績では、答辞を読む資格はないです」

「では、川島さんはどうです。彼女も成績はトップクラスでしょう?」

「川島さんは教員免許取得の三年長期履修生です。二年で修了する人でないといけないようです」

「分かりました。では、二年で修了するストレート・マスターで、成績優秀、教員試験にも合格し、次年度より教員になる大学院生はどうでしょう？」

畑中さんはニヤリと笑い、「成績トップのあなたがそう言うなら仕方ないですね。そうしましょう」と言って、この話は終わった。なるほど、そういうことか。コース代表の畑中さんは、毎年、教員大学院生に答辞を読ませる慣例をやめて、大学院で一生懸命勉強して先生の夢を掴（つか）んだストレート・マスターに花を持たせたかったのだ。たしかに大学院の学位授与式で答辞を述べることは名誉なことかもしれない。しかし、実績のある教員よりも、これから実績を作っていくストレート・マスターが答辞を読むほうがいい経験になるし、今後のためにもなる。私が断ることを分かっていた畑中さんは、成績だけ優秀な私をダシに使い、代役としてストレート・マスターを選んだのだ。そうすれば角が立たない。この考えには、私も賛成であった。おそらくは、大学側だって私に答辞は読ませないだろうが、大学側が慣例通り「教員大学院生に答辞をさせろ」と言ってくれれば、新聞社員だけれども成績優秀な私に答辞を読ませるべきではないかと提案し、困らせるつもりだろう。そして折衷（せっちゅう）案として、二年で修了し、次年度より教員になるストレート・マスターを推薦するのだろう。畑中さんとはそういう人である。

学位授与、二年間の新潟生活が終わる

三月中旬に教育学修士の学位と教員免許状をもらった。それと同時に、二年間の子育てが終わる。世帯用の寮を引き払い、今度は、四月からの新聞社復帰にむけて、全力を尽くすのみである。余談であるが、豪雪も終わり、雪が降ることもなくなってきた三月、除雪車が大学の雪を持っていってくれた。後回しにもほどがある。

世帯用の寮であるが、引き払うときが驚きだった。入居するとき、たしかに敷金、礼金はかからなかったのだが、退去する際には入居時の状態に戻すための修繕費などが発生するのだ。少しでも修繕費を浮かすために、南場の手も借りつつ、できるだけ家を掃除した。しかし、次男が破いたふすま紙の張替えなどはどうしようもなかった。また、白い浮遊物の出る風呂は使っていないので、勘弁してもらえた。修繕費は全部で約六万円だった。

洗濯機、テレビ、電子レンジなどの電化製品は、大阪の家へ持って帰っても仕方がないので、四月から世帯用の寮へ引っ越す予定のストレート・マスターたちや留学生にあげた。持って帰る電化製品は、白井のくれた最新ゲーム機だけである。妻は、ゲーム機を白井に返すことを提案し、私も賛成したが、子どもたちが猛反対した。食器や調理鍋などは白井にあげることにした。結局、大阪へ持って帰るのは、子どもたちのゲーム機、衣服、そして私の研究書類、論文、書籍などを含め、段ボール八箱ぐらいであったため、引っ越し業者には頼まず、宅配便で大阪に送った。

次男は、幼稚園の卒園式が三月末にあるが、欠席することになった。次男が卒園式に「出たい」と言うならば、前日から新潟に入って連れて行こうかと考えたが、「出ない」と即答された。私が二、三度「マジか。出なくていいのか」と確認したほど、あっさりとした回答であった。それなら無理して出る必要もないだろう。

そして、最後の幼稚園の日、迎えに行くと幼稚園の先生たち全員が見送りに来てくれた。泣いている先生もいた。次男はそのようななかでも、「また来週、来る」ような、普段通りのあっさりした態度で、幼稚園の先生たちとタッチして、幼稚園を後にした。私にとっては、次男を育てるなかで、実りのありすぎる幼稚園生活であった。私の方が、もうこの幼稚園ともお別れか、と寂しくなったほどだ。

「卒園おめでとう」と私が言うと、「「卒園」って何」と次男が聞き返した。

「これで幼稚園は終わりってこと」

「やった！」

次男にとっては、夏休みなどと同じ感覚なのだろうか。この後にすぐ、小学校への入学が待っていることを分かっているのだろうか。小学校に入学しても、また毎日泣くのだろうか。

長男も小学校の修了式までは登校せず、一週間早く小学校を修了させてもらった。三年生の長男は、二年間一緒に学んだ友達との別れが寂しかったようだ。最後の登校日、クラスで「お別れ会」を開いてもらい、クラスの皆から寄せ書きをもらって帰ってきた。

終章　それぞれの春

その後の私たち

一　それぞれの場所へ

友人たちとの別れのときが来た。まずは昨日、畑中さんが家族の待つN県に車で帰っていった。そして次は私たちの番であった。川島さんは、四月から教員になるので実家に帰る。南場も就職が決まり、東京へ赴く。白井はこのまま新潟で過ごす。

不思議なものだ。みんな次に会えるのはいつの日か分からないし、もう会えないかもしれない。しかし、畑中さんを見送ったときも、今日、我々が大阪に帰るときも、まるで「来週、また新潟に帰って皆で一緒に温泉に行く」ような感覚であり、寂しさなどは全くなかった。今日は私と息子たちが、明日は川島さんが、明後日は南場が、この地を離れていく。約二年間、ほぼ毎日会っていた仲間たちとの別れが意外にも淡々としているのは、皆、次のステップに向かっており、意識がそっちに行っているからかもしれない。たしかに、一番寂しそうにしていたのは白井であった。

そして、二年間、我々と過ごした彼らにも大きな変化があったようだ。

畑中さんは、私の家事の様子を見て、家で料理や家事を積極的に手伝うようになったそうだ。特に、私が作るちゃんこ鍋やお好み焼きのレシピを基に家族にも作るようになったらしい。

川島さんは、次男との生活を通じて、幼少時代に置いてきた気持ちを整理できたそうだ。それは、自身の幼少時代、母親の病気のために孤独であったこと、つらかったことなどである。母親がいない状態の次男を見て、同じ気持ちを共有しながら、自分自身のなかで過去を納得させ、次のステップに進むことを受け入れたようだ。彼女が今まで頑張ってきた努力は、今後、きっと報われるだろう。教員になるという夢も叶えたし、何よりも、前向きになっている人間は強いからだ。

南場は、塾講師に就職が決まった。きっと、二年前の塾講師時代とは違ったゆとりがあるだろう。二年前は、子どもたちの成績を伸ばすことだけが仕事であり、目標であったはずだ。しかし今は、教育学研究という武器を手に入れて、子どもたちと一緒に勉強することで自分自身も学び続けることができるようになったわけである。古くからの親友の私から見ても、南場は大学院で膨大な学びを得たと思われる。大学院に来て一番成果があったのは南場ではないか、と思うぐらいである。

白井は、私や南場を教育系大学院へ呼ぶことによって、教育学を学んだことがない人に、どうやって教育学へ関心を持たせ、大学院進学を志させるか、また、そのためには大学側のどのような支援が必要なのかなどについて、新たな気づきや課題を見出したようだ。

私はといえば、二年間の子育てと大学院の両立が同時に終わったことに、まずはホッとしていた。自分の目標である大学院の学位をもらい、一人での子育ても終わり、妻のもとへ帰れることは、一気にやって来た幸せだった。一方で、たびたび述べている通り、教育学を学びながら子育てを同時にできたことは、私にとっても貴重な体験であった。そして、その経験をさらなる貴重なものにしてくれたのは、「周りの多くの大人たちの支援」である。彼らの支援なしで、私一人で子どもたちを育てることができただろうか。ただでさえ経済的な負担をかけていた妻に、さらに迷惑をかけたのではなかろうか。偶然、南場、白井という古くからの親友が側にいて、畑中さんや川島さんらと出会った。そもそも、教育大学であるから、皆が子ども好きであり、現役の先生やこれから先生を目指す者、「教育のプロ」たちが私の息子たちの面倒を見てくれたのだから、これほど恵まれた環境はなかったかもしれない。

そして、長男も次男も、そんな大人たちと毎日会話するなかで、大人になること、そして幸せとはどういうことかを彼らなりに学んだようだ。大人になれば友人は簡単には作れないこと。だからこそ、本音で楽しく語り合えるよき友人を持つことは幸せであること。お金持ちになることだけが幸せではないこと。でも、お金は必要であること。

私はすべて、ありのままの姿を子どもたちに見せてきた。料理をする姿、洗濯をする姿、掃除をする姿、そして、お金がないときは、苦しんでいる姿をそのまま見せた。家事の合間にホッとしながら勉強をする姿も見ていたはずである。そのようななかで、子どもたち、特に長男はお手伝いも嫌がらず協力してくれた。

私はありのままの姿を見せる一方で、子どもたちへは自由な時間を与えた。家の中ではゲームばかりしていたが、長男は友達と遊ぶために野球のグローブを持ってよく出ていっていたし、おやつ入れからおやつを選び、友達の家へ持って遊びに行っていた。次男が外で遊ぶことはなかったが、その代わり、側には川島さん、畑中さん、南場、白井がいて、よく遊んだり話したりしてくれていた。私の家の夕飯時は毎日、同じ釜の飯を食べる仲間たちのおかげで、大学構内の寮に住むどの大学院生のなかでもにぎやかであったはずだ。

本来なら、そのような絆深い仲間たちとの別れであるはずだが、高校生や大学生とは異なり、そこに生まれるのは「悲しい」や「寂しい」などの感情ではない。皆、社会人経験者であり、いわばプロ集団なので、次のステージに意識が向かっているところが大学院の面白さである。私たちは淡々とそれぞれの場所へ向かい、離れ離れになった。

二　その後の私たち

二〇二二年一一月、終章最後の節を書いている。まず伝えたいのは、私が大学院を修了した翌々年、新型コロナウイルスの感染が世界中で拡がり、今までの生活が一変したことだ。マスク着用が普通となったが、私は今までマスクなどしたことがなかったので、慣れず、息苦しい生活を送っている。一方で、私のなかで意識が大きく変わったことがある。マスクを着けながら一人でぶつぶつ話しながら歩いたり、パソコンに向かって話しかけたりすることが普通になったのだ。どちらもワイヤレスイヤホンとマイクのおかげだろうが、昔なら「ちょっと怪しい人」と見られても不思議ではなかった。私も仕事がテレワークとなり、パソコンの画面に向かって話しかけるのが当たり前となった。

息子たちの近況であるが、中学二年生になった長男は、国立の中学校へ合格して運動部に入り、活動している。ただし、勉強をそっちのけで運動していたため、高校に上がれないまま追い出されそうになり、四苦八苦している。私は「追い出されても高校に上がってもどっちでもいい」と担任の先生に伝えた。別に成績がよかろうが悪かろうが息子の人生なので、どうなっても応援はするつもりである。

さて、小学五年生になった次男は、現在も学校嫌いはそのままだが、今のところ学校へは毎日通っている。私は学友のアドバイス通り、小学一年生のときからＷＩＳＣ－Ⅳの検査結果用紙を毎年、担任の先生へ提出している。新潟へ行く前は微妙な関係であった次男と私だが、現在はよりよい関係を築けている。しかし、私よりも妻の方が好きであることは変わらない。それでも私にもよく甘えてくるし、ふざけて攻撃もしてくる。それが私にはたまらなく嬉しいのだ。

二〇二〇年、学校が長期休校となり、三月半ばから毎日、外に出られず家にいた間、私は長男、次男と「巣ごもり」をしていたとき、冬の雪深い新潟の地、Ｊ教育大学院時代の「巣ごもり」をふと思い出していた。そして、毎日学友たちと一緒に過ごしたあの日々が蘇る。それぞれの地で皆、元気でやっているようだ。たまに大学院時代のメールで連絡を取り合う。

余談だが、私は、川島さん同様、奨学金の返還免除を獲得した。ちょうど新聞社に復職した頃の五月末、返還免除の通知が来たときは、妻に抱きついて喜んだ。お金の件ももちろん嬉しかったのだが、奨学金の返還免除は、私の学問の努力が報われた一つの証明であったからだ。また、大学院修了後、つまり会社を復職した後であるが、妻とは当然、家事のシェアをしている。「料理はあなた、洗濯は私」とかいう役割分担ではない。どちらかが忙しいときにはどちらかが家事全般をするというルールを自然と共有している。だからこそ、息子たちもよく手伝ってくれる。

新型コロナウイルスの影響により、毎日家族で一緒に部屋で過ごしていたが、私たちには精神的な苦痛が全くなかった。むしろ、長い休校期間を喜んで過ごしている次男を見ると、「新潟の頃から変わっていないな」と笑ってしまう。そしてこのような状況は、新潟で父親として子育てに参加できたということが、本当に貴重な経験であったことを、改めて私に気づかせてくれた。

では、「あのときと全く同じ状況で、再び子育てしながら大学院に行きたいか?」と問われたらどうか。「いや、もう大丈夫」と躊躇なく答えてしまうだろう。

あとがき

私の世代は、小学生のときにバブル経済が到来し、昭和が終わり、中学生のときにバブル経済が崩壊し、高校生のときに金融ビッグバンという大きな規制緩和が行われ、大学生のときに二〇世紀が終わり、「就職氷河期」と呼ばれる就職難に直面した、要は高度経済成長期のように日本経済からの恩恵を受けたことがない世代である。しかし、一九九九年に改正された男女雇用機会均等法によって男女の賃金格差は縮小し、大学を卒業する頃には、女性の職場進出が大きく進む転換期の世代でもあった。私の場合、結婚後しばらくは妻に経済的に支えてもらい、私が家事に取り組んでいたため、家事をすることに全く抵抗はなく、問題もなかった。一方で、私の親世代は、性別に応じた役割分業の意識が根強く、大半の父親は家事や育児にほとんど参加しなかった。私はちょうど、そのような時代の流れに影響されるか、親世代の流れに影響されるか、中間に位置する世代かもしれない。

さて、二〇二二年となったいま、日本国政府は、今度は「リスキリング」という造語を使い、それを支援していくようだ。経済産業省によれば「リスキリング」とは、「新しい職業に就くために、あるいは、今の職業で必要とされるスキルの大幅な変化に適応するために、必要なスキルを獲得する／させること」である。様々な批判も目にすることが多いが、二〇一六年から二〇一八年の二年間、先だって「リスキリング」した私にとっては、基本的にこの取り組み自体はとても良いことだと思っている。

もともと私は、教育に関わる仕事をする機会に恵まれ、教育学を学ぶことも仕事のうち、と大学院進学を認めてもらった。そして、子育てをしながら教育学を学ぶ機会にたどり着いた。子育てと大学院での勉強の両立は生半可なものではなかったにせよ、そこで学んだ教育学は、学校教育だけではなく、子育てにも大いに役に立った。大学で学んだことをそのまま子育てに応用できるという意味では、教育学はまさに「役に立つ」学問である。そもそも、子育てと仕事の両立は容易いことではない。少子化が深刻というなら、日本の未来を担う子どもたちを国全体で見ていく気概が必要であろう。そのためにまずは、保護者が経済的に安定した仕事に就き、子どもを育てていける環境にする支援が必要だと思っている。

そして、私が二人の息子を育てながら二年間の大学院生活を無事に終えられたのは、幸運にも家族や親切な友人たちが手助けしてくれたおかげだった。子育てと学び直しを両立させようとすれば、体力や時間、金銭面でいくつもの問題に直面し、それがワンオペ育児となればなおさらである。政府が育休中の「リスキリング」を後押しするというなら、こうした親たちが社会的な支援を受けられる仕組みをよりいっそう整備していくことが不可欠だと考える。また私の職場には幸運にも「自己充実休職」という制度があり、その恩恵も受けることができたのだが、このような制度を整備していない企業も世の中にはたくさんあるはずである。この社会の未来を長期的に構想する上でも同様の制度を制定する企業が今よりももっと広まってほしいと心より願っている。そのためには国の助成制度のさらなる充実や周知も必要だろう。子育てをしながら大学院修士の学位と教員免許を取得した経験を通して、こうした様々な問題にも気づく機会を得たこともまたありがたかった。

子育てはとても楽しく、「三六の手習い」ではあったが教育学もとても面白かった。そして何よりも出会った人々のご縁と支えがさらに私の生活を充実させた。そのきっかけのために全力で応援してくれた会社や上司にも感謝している。しかしやはり最も感謝しているのは、金銭的にはもちろん、精神的にも大きく支えてくれた妻であり、身近に応援してくれた義父母、両親であろう。改めてここに感謝の言葉を記し、本書を締めくくることにしたい。ありがとう。

二〇二三年三月十日

著者

執筆者紹介

髙橋宏輔（タカハシ　コウスケ）

中学受験塾講師を経て、2008年株式会社朝日学生新聞社へ入社。報道側の視点よりSDGs教育、新聞教育、文章の書き方などをテーマに全国の小学校・中学校・高等学校・大学などで出前授業や講演を行っている。学校の先生への研究指導や講演なども多数。教育学修士。

子育てリスキリング奮闘記
休職サラリーマン、二児を抱えて教育系大学院で学ぶ

2023年 5月30日　　初版第1刷発行

著　者　髙橋宏輔
発行者　中西　良
発行所　株式会社ナカニシヤ出版
〒606-8161　京都市左京区一乗寺木ノ本町15番地
Telephone　075-723-0111
Facsimile　075-723-0095
Website　http://www.nakanishiya.co.jp/
Email　iihon-ippai@nakanishiya.co.jp
郵便振替　01030-0-13128

印刷・製本＝ファインワークス／装幀＝白沢　正

ISBN978-4-7795-1737-2